abalar a
CIDADE

**ALEXANDER
BILLET**

7   **AGRADECIMENTOS**

10   **APRESENTAÇÃO À EDIÇÃO BRASILEIRA**

15   **BLITZKRIEG BOP OU DO PODER DA MÚSICA ENQUANTO SUPREMO AMOR & NITROGLICERINA**
      Rodrigo Brandão

25   **UMA INTRODUÇÃO**

37   **CANÇÕES NUMA CIDADE ESTRANHA**

71   **RITMOS SOBREVIVENTES**

108   **ANACRONISMO, AO ATAQUE**

144   **REVOLTA CONTRA O EXTERMÍNIO: UMA CODA**

183   **PLAYLIST DE *ABALAR A CIDADE***

Para Neil Davidson: um incomparável pensador,
militante e amante da música.
Nós sentimos saudades de você.

AGRADECIMENTOS

A ideia inicial para este livro surgiu por volta de 2012, mais de uma década antes de você tê-lo em mãos. Durante anos, não passou de um vislumbre, um burburinho[1] para a crítica cultural, passando por vários momentos diferentes à medida que eu descobria mais artistas, mais teoria, e os acontecimentos tornavam meu argumento mais claro. O que transformou tudo isso em algo palpável foram anos de incentivo de familiares, amigos, colegas e camaradas. Essas são as pessoas que, apesar da minha frequente autodepreciação, insistiram que eu tinha algo importante para dizer.

Eu não fazia a mínima ideia do que esperar do meu primeiro livro, mas ter uma equipe disposta a não soltar a minha mão foi fundamental. Agradeço a toda a equipe da 1968 Press – Jaice Titus, Izzy Dann e Dan Bristow – vocês me mostraram todo o amor e empenho que um escritor de primeira viagem deseja e precisa por parte de sua editora.

Ao meu velho Steven Billet, a Jon Danforth-Appell, Hector Rivera e Boris Dralyuk por terem lido os primeiros esboços dos capítulos, obrigado pela compreensão e *feedback* de vocês. Agradeço também aos meus apoiadores do Kickstarter,[2] que

---

[1] N.d.T.: O autor utiliza a expressão *"vaporware"*, comumente utilizada para se referir a um produto tecnológico que é anunciado por uma empresa mas nunca é lançado, por motivos como falta de recurso ou para gerar valor e interesse de investidores. No caso, o autor usa para caracterizar o longo processo de finalização, publicação e todo o burburinho que cercou o lançamento do livro.

[2] N.d.T.: O Kickstarter é uma plataforma norte-americana de financiamento

me deram seu dinheiro suado quando eu não tinha mais do que um punhado de artigos publicados e ainda esperaram quase uma década enquanto eu aprendia a escrever um livro. Desejo sinceramente que essa espera tenha valido a pena.

O cruzamento dos estudos sobre música e psicogeografia[3] é desafiador, mesmo aqueles de nós que são fascinados com ambos não têm a certeza se estamos prestes a descobrir alguma coisa ou se é apenas um monte de besteira que paira sobre nossas mentes curiosas. Ter pensadores de renome para nos dar o empurrão inicial pode ser crucial, sejam eles amplamente reconhecidos ou não. Por isso, não posso deixar de mencionar a equipe do Historical Materialism,[4] a qual tive a sorte de conhecer ao longo destes últimos anos. A lista é bem longa: Jaz Blackwell-Pal, Paul Reynolds, Richard Seymour, Neil Davidson (descanse em paz), Jamie Allinson, Rosie Warren, Crystal Stella Becerril, Jonny Jones, Anindya Bhattacharya, Neil Rogall, David Renton, Sebastian Budgen (volte ao trabalho...), Elia El Khazen, Joe Sabatini, Holly Lewis, Jonas Marvin, Steve Edwards, Toby Manning, Jordy Cummings. Obrigado a todos vocês.

Seria negligente da minha parte deixar de fora Olivia Mansfield e Arjun Mahadevan, que me deram um curso intensivo de grime numa noite de bebedeira em seu apartamento em Streatham, Londres. Devo dizer o mesmo de Katy Fox-Hodess, Francisco Núñez Capriles e Francisca Moraga, que me ajudaram a preencher minha falta de conhecimento

---

coletivo para projetos criativos, equivalente ao Vakinha e Benfeitoria no Brasil.

[3] N.d.T: Termo cunhado pelo pensador francês Guy Debord, que brevemente pode ser apresentado como uma ciência que busca entender as emoções causadas pelo ambiente geográfico e físico das cidades.

[4] N.d.T.: O autor se refere a uma revista londrina de verve marxista na qual foi colaborador: https://www.historicalmaterialism.org/.

no que diz respeito à música e à resistência no Chile contemporâneo. Os fundamentos que eles forneceram abriram uma nova camada de investigação que tornou este livro infinitamente mais consistente.

Ao Locust Arts & Letters Collective – Adam Turl, Tish Turl, Mike Linaweaver, Leslie Lea, Laura Fair-Schulz, Drew Franzblau, Adam Ray Adkins, Omnia Sol, Anupam Roy e Richard Hamilton – por serem um grupo brilhante de artistas, escritores e camaradas. Sou privilegiado por trabalhar com todos vocês.

Finalmente, para a minha bela e incrível parceira, Kelsey Goldberg, por aguentar as minhas histórias longas e sem objetivo sobre teoria musical e psicogeografia, por me ajudar a tornar a minha escrita intrincada um pouco mais inteligível, por não me deixar desistir quando estava mais desanimado. Você não apenas tornou este livro melhor como também me tornou melhor.

APRESENTAÇÃO
À EDIÇÃO BRASILEIRA

Um escritor naturalmente espera que suas palavras alcancem um público global, mas quem espera isso está sendo inocente. Mesmo aqueles que têm grandes contratos de publicação muitas vezes têm dificuldades para traduzir seus livros; e a maioria dos livros nunca é lida em outro idioma que não aquele em que foi originalmente escrito. Talvez uma indústria de artes e cultura mais equitativa proporcionasse mais oportunidades para que escritores mostrassem seus livros a novos olhos e mentes, para que suas ideias fizessem parte de um patrimônio cultural e intelectual global robusto e cada vez mais profundo. Mas esse simplesmente não é o mundo em que vivemos.

Quando recebi a notícia de que a sobinfluencia queria traduzir *Abalar a Cidade* para o português, foi uma surpresa maravilhosa. Primeiro, significava que o livro já havia alcançado leitores para além das minhas mais razoáveis expectativas. Em segundo lugar, significava que eles, no mínimo, estavam tão entusiasmados com o livro quanto eu e acreditavam que outras pessoas também se engajariam com ele.

Os camaradas da sobinfluencia demonstraram uma sensibilidade extraordinária com relação ao texto original e sua tradução. Os contornos e argumentos deste livro estão agora traduzidos para o português, disponíveis para os brasileiros, com suas próprias, notáveis e complexas lutas de classe e manifestações musicais. Isso me deixa honrado, grato e imensamente orgulhoso.

Diante disso, gostaria de poder escrever mais sobre esperança neste prefácio. Infelizmente, a paisagem devastada sobre a qual escrevi na edição original em inglês ainda está diante de nós. Os governos – principalmente na Europa, mas em todo o mundo – continuam a oscilar na direção do autoritarismo. A maioria das nações se contenta em vacilar e se esquivar da responsabilidade sobre a destruição evidente da mudança climática. Nenhuma delas encara seriamente a ideia de uma transição ecológico-industrial justa.

Preste bem atenção ao andar pelas ruas da cidade e você poderá ver o choque do pós-pandemia em evidência no rosto dos seus habitantes. As pessoas estão mais hesitantes em acreditar numa saída, e mais propensas a desconfiar e temer. A atomização da vida cotidiana pelas big techs, o enfraquecimento do pouco que resta do trabalho coletivo pelo algoritmo onipresente; tudo isso é agora acelerado pela introdução das inteligências artificiais. Muitas vocações e ocupações há muito tempo sujeitas à proletarização (inclusive a minha) serão ainda mais precarizadas, e seus praticantes ainda mais empobrecidos. Isso sem falar nas ideias e na estética que serão ainda mais homogeneizadas. Artistas, escritores e produtores musicais terão cada vez mais dificuldade para ganhar a vida, e aqueles que conseguirem, enfrentarão maior pressão para se adequar a definições arbitrárias de comercialização.

E agora, um inferno mais recente: a destruição de Gaza, dado o novo massacre em massa e o deslocamento inevitável do povo palestino. As incorporadoras imobiliárias promovem abertamente planos para transformar setores inteiros de Gaza em apartamentos de luxo e resorts praianos. A transformação da história construída desse território em um espaço liso é espelhada na pressão para remover artistas palestinos dos serviços de streaming e proibi-los de se apresentar em shows e festivais de música em todo o mundo. Momentos e espaços temporais que poderiam perturbar a narrativa colonial enraizada são varridos da esfera pública. Para muitos governos e instituições, o único som que deve acompanhar o genocídio é o silêncio.

Até mesmo as partes deste livro que eu reescreveria parecem confirmar ainda mais um prognóstico sombrio. Na época em que *Abalar a Cidade* foi para o prelo na sua edição original em inglês, eu tinha certeza de que a escolha enfrentada pelo governo de esquerda de Gabriel Boric no Chile era semelhante à de Salvador Allende há cinquenta anos. Ou seja, por um lado, mobilizar as massas e puxar as alavancas do Estado em direção à sua transformação fundamental, ou, por outro, ser afogado em sangue pelas forças reacionárias internas e externas do país.

Ao que tudo indica, essa foi uma previsão perversamente otimista. O Boric no poder se provou ser uma pálida sombra do Boric da campanha, que na época estava apoiado pelo Estallido Social e pelo florescimento do poder popular. Essa é uma história tragicamente familiar, já vista nos casos do Syriza na Grécia e em muitos outros. O caminho parlamentar para o socialismo continua repleto de armadilhas, mesmo que nem todas sejam tão dramáticas quanto no caso dos eventos sobre Allende em 1973.

O que isso significa para as artes? O que isso significa para a criatividade popular que foi desencadeada durante o auge do Estallido, as expressões musicais de massa que tomaram conta das ruas e praças da cidade? De certa forma, isso confirma muito alguns dos aspectos negativos sobre os quais *Abalar a Cidade* argumenta. Se a música precisa de espaço e tempo para ir além dos limites impostos a ela pelo capital contemporâneo, então os retrocessos e as desorientações dos movimentos que a criaram fazem com que esses espaços e tempos se atrofiem, se retraiam rapidamente e sejam empurrados para as margens da sociedade, muitas vezes desaparecendo completamente da noite para o dia.

As organizações e redes de colaboração entre artistas e trabalhadores da música que permitiram que a Plaza Bernardo Leighton, no Chile, fosse inundada por centenas de pessoas apresentando "El Pueblo Unido..." ainda existem. Seus próximos passos ainda são uma questão a ser debatida, mas é difícil imaginá-los ampliando os eventos de 2019 em algum momento de um futuro próximo. Assim como é difícil imaginar o fascista Modi sendo varrido do poder na Índia, o fim do regime de apartheid de Israel ou o fim da ordem que nos empobrece com aluguéis e rompe os laços sociais em Londres e Los Angeles, por exemplo.

Apesar disso, nós devemos imaginar. Não temos escolha. Alguns dizem que o pessimismo sufoca a esperança. Pessoalmente, acho que a esperança é inútil, a menos que a entendamos como um recurso finito, a menos que encaremos a realidade que a torna impossível. Nesse sentido, as artes e a música continuam sendo materialmente e psicologicamente essenciais, principalmente quando acontecem fora das esferas privatizadas, quando são criadas e vivenciadas de maneira orgânica e coletiva.

Isso pode soar mais fantasioso do que estratégico. Muitas dessas ideias de "fantasia" são exatamente o que se espera delas, provocando zombarias e olhares de reprovação em vez de inspirar esperança racionada. No entanto, para além de todas essas besteiras *New Age*, há um fato inegável. Estudo após estudo, em campos que vão da musicologia à saúde mental e ao planejamento urbano, conclui-se que a criação e execução coletiva de música nutre pensamentos e sentimentos de possibilidade, de autodeterminação e autonomia. O desafio não é ignorar esses casos, muito menos designá-los com um rótulo condescendente de "interessante" antes de desconsiderá-los completamente. Em vez disso, devemos procurar oportunidades de crescer e expandir esses momentos, evitando também que sejam capturados por instituições que os tornariam seguros somente para o consumo e a subjugação em massa. Estamos frente a tempos sombrios. Muitas vezes cantar será toda a força que conseguiremos reunir. Isso é a matéria-prima da utopia. Não podemos nos dar ao luxo de ignorá-la.

Alexander Billet, 2024

BLITZKRIEG BOP OU DO PODER DA MÚSICA ENQUANTO SUPREMO AMOR & NITROGLICERINA

Que tempo bom que não volta nunca mais

Tempo não tem casa
Tempo mora na rua
E a morada do Tempo
É o Sol e a Lua.

Ponto de candomblé em louvor ao Orixá Tempo.

Não me iludo, tudo permanecerá
Do jeito que tem sido
Transcorrendo, transformando
Tempo e espaço navegando todos os sentidos
Pães de Açúcar, Corcovados
Fustigados pela chuva, pelo eterno vento
Água mole, pedra dura
Tanto bate que não restará nem pensamento.

Gilberto Gil, "Tempo Rei".

Eu sempre detestei usar relógio. Certa vez, fui presenteado com um modelo Seiko em algum aniversário, ali pelos 10 anos de idade. Me lembro bem da expressão sorridente nas pessoas à minha volta. Familiares, vizinhos e amigos, arregalando os olhos diante da bijuteria dourada que meu pai e minha mãe tanto suaram pra comprar. E não esqueço do contraste entre o carnaval exterior e a terrível sensação de ter sido algemado que aquilo causava por dentro, sem motivo aparente pra mim, na era da inocência. Desde então, jamais amarrei meu pulso a um contador de horas. Nunca tinha parado pra pensar profundamente no porquê, mas agora, olhando em retrospectiva, suspiro mais aliviado pela escolha.

Ao peregrinar pelas páginas a seguir, pude perceber que o relógio, antigamente conhecido na gíria da malandragem de rua como "bobo", é bom lembrar, vem a ser, literalmente, o Robocop daquilo que, em inglês, convencionou-se classificar como *Powers that Be*, e que eu traduzo como "Sistemão", em homenagem ao pioneiro grupo de rap paulistano Região Abissal: um feitor enfiado pelo capitalismo dentro da vida da classe trabalhadora.

De fato, se trata de um dos mecanismos mais eficazes do assim chamado "realismo capitalista", que nega totalmente a imaginação popular. Frente a isso, assinala o finado Mark Fisher, se faz necessário, de uma vez por todas, que todo mundo tenha o que precisa pra alcançar seu potencial pleno.

Pois este livro se mostra uma caixa de ferramentas pra jornada da gente rumo a um estágio mais elevado de existência, e uma espécie de mapa nesse sentido. Um sentido que, não por acaso, vai na contramão do neoliberalismo. E mais: mira o comunismo ácido, que, por sua vez, sempre foi demonizado até o talo pelo Tio Sam, antes o mais musculoso monumento do *money mode*, hoje um império já em inegável colapso. Mas processos históricos requerem cada qual sua cadência, e enquanto o Titanic não afundar de vez, vai ter cowboy *redneck* metendo bala em pele preta, mulher, LGBTQ+ e todo tipo de imigrante terceiro-mundista. E aí não é preciso muita experiência pra saber que o bicho pega.

O modo monetário de moldar o mundo, pra mim e pra você, é doente e insalubre na sua premissa mais profunda. A partir da adoração ao Deus Dinheiro, nossas vidas pararam de ser regidas pelo Tempo da Natureza, o Tempo dos Orixás, o nascer e pôr do Sol, as fases da Lua... E passaram a ser regidas por rígidas regras reguladas por um ponto de vista que prioriza a produtividade apenas. Foi aí que a saúde física, psicológica e espiritual da raça humana foi mandada *pras pica*. Pouco importam as pessoas, só o lucro é levado em conta. Agora me diz, que raio que isso trouxe de bom? Por que é que a nossa espécie insiste em flagelar seu semelhante, promovendo, além da autodestruição, o apocalipse do planeta todo?

Nesse choque de realidade radical, ou você se resigna, ou se rebela, simples assim. Faz parte do problema quem não faz parte da solução. Sem outra opção ou nuance, tampouco papo de *isentão* ou então estar em cima do muro. A revolução é no aqui-agora, na arte de recapturar o controle do nosso Tempo presente. Tomar de volta esse grande presente que nos foi dado ao nascer, e que foi tirado pela Tirania do Tique-Taque à força.

A cor dessa cidade sou eu, o canto dessa cidade é meu

O sol nasce e ilumina as pedras evoluídas
Que cresceram com a força de pedreiros suicidas
Cavaleiros circulam vigiando as pessoas
Não importa se são ruins, nem importa se são boas
E a cidade se apresenta centro das ambições
Para mendigos ou ricos e outras armações
Coletivos, automóveis, motos e metrôs
Trabalhadores, patrões, policiais, camelôs

A cidade não para, a cidade só cresce
O de cima sobe e o de baixo desce.

Chico Science & Nação Zumbi, "A cidade".

Meu corpo dolorido, minha mente cansada
Reprises na TV, reprises no rádio
O medo é gritante, a destruição constante
Os meus anos reclamam
Ação na cidade
Meu corpo dolorido, lágrimas no rosto
Eu não tenho armas, eu não tenho nada
Imagens, mitos, palavras, palavras
O meu corpo nu
Ação na cidade.

Mercenárias, "Ação na cidade".

Em outra memória de menino, confesso que desde que acompanhei o desenrolar da Guerra das Malvinas, quando, sob o signo da Donzela de Ferro, a Inglaterra tomou o território adjacente à Argentina na cara dura, em questão de doze dias, e mudou nome dele pra Ilhas Falkland, fiquei cabreiro com britânico. Me marcou, pois, mesmo com tão pouca idade, foi fácil sacar quem era o opressor e quem era o oprimido naquele caso. Quem era primeiro mundo e quem era terceiro mundo, consequentemente *mi hermano*. Sem falar que, se ajudou a derrubar a ditadura já decadente ao sul da América do Sul, por outro lado empoderou mais ainda a Margaret Thatcher, azedando ao extremo o regime de direita linha dura que sua gestão perpetuou.

Tudo bem, tem todas as bandas fundamentais vindas de lá pra limpar um pouco a barra, vamos concordar, mas sei lá.

Talvez tenha a ver com o significado da expressão coloquial "pra inglês ver", ou então por terem a moeda mais forte do mundo história adentro. Ou *se pá* é por se tratar do alto escalão do eurocentrismo predador? São tantas emoções…

Mas, neste caso aqui, o gatuno parece *firmezão memo*. Fato é, fala com propriedade. Parido na pátria da rainha Elizabeth e do Banksy, é provável ter provado a opressão predominante na Praça do Parlamento em primeira pessoa. Mesmo sem conhecimento prévio, dá pra imaginar o baixo astral que paira no ar daquele lugar, quando a gente fica sabendo que tem lá uma estátua erguida em homenagem ao arquiteto do apartheid. Difícil imaginar uma carta de intenções mais explícita. Direto do front, nosso *brother* Billet conta como a mídia amaldiçoou e moveu montanhas pra minar um movimento genuíno à base de bombardeio de *fake news*. É como um dia cantaram os Beatles, "aqui, lá, e em todo lugar".

A arquitetura hostil e o pseudoespaço público mandam avisar: a maior parte de cada município é proibida pra própria população. O transporte coletivo só serve pra fazer o proletariado chegar até o seu emprego sem atraso, na hora estipulada pelo patrão e, ao término do turno, escoltar as carcaças cansadas de volta pro gueto, de onde não devem sair por qualquer outra razão.

Afinal, os arranha-céus blindados, esses bizarros body piercings que perfuram o perímetro urbano, pertencem aos poderosos… Pergunta pra polarização da sociedade em extremos, pra concentração da maioria esmagadora da renda total do local nas mãos de um pequeno punhado despudoradamente *playba*, pergunta. Enquanto isso, o restante de nós, o apelidado populacho, paga a conta com um excedente de sangue, suor e lágrimas.

Como uma tonalidade que não cabe na escala ocidental, ou um padrão percussivo arredio à regra, a realidade dos espaços de liberação artística e criatividade também opera na zona cinzenta entre a repressão e o sonho de uma sociedade sadia. Por quê?

Centros culturais, espaços de convívio, casas de show independentes, tudo que promove a interação pr'além da matrix é perigoso, pois pode moldar mudanças. Se as pessoas estão em contato umas com as outras, a tendência de se perceber em alma alheia aumenta muito. Daí pra nos organizarmos contra quem oprime é um passo. Os mestres das marionetes sabem bem, ficam com o cu na mão, e por isso, promovem o isolamento ao máximo. Fones de ouvido. Atenção sugada pela tela do celular. Redes sociais que parecem suprir nossa pouca presença pessoal perante o próximo, mas se mostram armas de distração em massa, se teu olhar tá atento. Nada disso é por acaso, nada disso é em prol do povo.

Historicamente, as corporações multinacionais e os governos sempre procuraram impor seu arbitrarismo em toada totalitária. É tão previsível que se tornaria tedioso, não fosse tamanha maldade. Tão repetitivo que emula o mantra morfético conduzido pelos ritmos da mercantilização, em especial o algoritmo. Espécie de Big Brother em versão meme, atua como carcereiro cosmopolita, programado pra manter a mão de obra humana agindo roboticamente, em modo Prozac promovido por música muzak e outras *cositas más*. Assim, quem consegue quebrar ou cooptar tais ritmos, tem oportunidade de ressignificar certos espaços, em estilo Robin Hood.

É a alternativa à chamada arritmia, o estado doente, de cidades cheias de gente doente, sempre envenenadas por uma ansiedade constante, que é gatilho-engrenagem do mercado glutão. Esse, por sua vez, se alimenta de consumo indiscriminado, e só piora as coisas, graças ao Tempo cada vez mais escasso de descanso em geral, ou até o próprio sono. Mesmo um dos mais básicos direitos e necessidades nos é surrupiado pela máquina sem rosto e coração. Nessas, todo potencial positivo que o conceito de cidade carrega consigo, é aniquilado. Ao contrário, quando o direito ao espaço urbano é garantido, remodelá-lo de modo que melhor sirva seus moradores é o mais natural. Aí, sim, a fauna floresce.

Em Salvador, mesmo no auge da ardente folia pré-carnaval 2024, uma voz se fazia ouvir por toda a Cidade Baixa. Ao microfone do Mini Stereo Público, o mais importante *sound system* de Sal City, que encerrava ali sua sessão ao anoitecer, um líder local convocava a comunidade que se apinhava nas ruas tortuosas que estavam no raio de alcance do reggae, a entoar o título do projeto de urbanismo social e humanitário proposto pelas pessoas que lá residem e resistem: "Ah, se a cidade fosse nossa…".

Mas, *peraí*, veja bem… O que acontece é que eu SOU a cidade, e assim, sem acesso e direito sobre ela, me sinto distante e desvencilhado, embarreirado de mim mesmo. Nesse momento, só resta o próprio lar, pra quem tem o luxo de poder pagar por um, como espaço possível. Porém, trancado em casa, *tamo tudo* isolado, ou quase. Sem mencionar que as moradias estão cada vez mais apertadas, separadas por paredes muito finas, que além de custarem menos pra máfia da construção civil, garantem a falta de privacidade, assim como pioram a qualidade do descanso de quem dorme em tão cruel condição. Precarizam o dia a dia. Deterioram o pessoal.

Ainda assim, o instinto de sobrevivência e a busca por liberdade segue como chama acesa no peito. Lendo este livro, fiquei sabendo que se chama "criolização" esse processo intrinsecamente relacionado à resistência frente à opressão num contexto sociopolítico.

Amontoam-se muros. Procuro pontes.

> **Todo o povo dessa terra, quando pode cantar, canta de dor**
>
> *Canta, canta, minha gente*
> *Deixa a tristeza pra lá*
> *Canta forte, canta alto*
> *Que a vida vai melhorar, que a vida vai melhorar...*
>
> Martinho da Vila, "Canta canta, minha gente".

> *Vim pra abalar seu sistema nervoso e sanguíneo*
> *Pra mim ainda é pouco, Brown cachorro louco*
> *Número um, guia terrorista da periferia*
> *Uni-duni-tê o que eu tenho pra você*
> *Um rap venenoso ou uma rajada de pt.*
>
> Racionais MC's, "Capítulo 4, versículo 3".

Música move, é partícula revolucionária. Justamente por isso é que vem sendo tão sumariamente cercada, diluída, atacada. As artes em geral, mas a música em especial. Música é alento, faz carinho em quem conduz o movimento. Ela tem potencial subjetivo de traduzir um ambiente, sim, mas também de transformá-lo. A escuta em coletivo com certeza é agente de união, e disso em diante, se desenham diversas decorrências.

O blues é um bom exemplo: além de uivar libertação pela melodia do lamento, também condensou em suas letras o cotidiano do povo preto e financeiramente pobre, que de outro modo cairia em esquecimento, em mais um episódio de apagamento histórico promovido pelo Capitão América. Guardadas as devidas particularidades de cada estilo, época e local de origem, o mesmo pode ser dito do reggae na Jamaica e do samba no Brasil.

No caminho oposto, a música pop contemporânea é agente da escravização do operariado, infiltrado no nosso dia disfarçado de diversão. Cavalos de Troia nas caixas de som. Nesse sentido, são dignas de nota também as tantas teorias de conspiração acerca da relação entre a privatização do sistema carcerário ianque e a disseminação desproporcional de certa seara de *gangsta rap*. Artistas, segundo essas fontes, "pré-fabricados" com o intuito de incentivar a criminalidade na juventude das chamadas *inner cities*. As variáveis são muitas, mas todos os relatos que circulam na internet sobre o assunto apontam para o mesmo roteiro básico: facilitados por um Estado explicitamente racista, conglomerados empresariais opulentos, cujos guarda-chuvas incluem tanto grandes gravadoras quanto veículos de comunicação de massa que ditam tendências, teriam começado a comprar cadeias penitenciárias por toda a Terra da Liberdade, sabendo que tinham a faca e o queijo na mão pra gerar "clientela" suficiente e manter as prisões populosas, lucrativas do âmbito do business. Massivas máquinas de moer gente, movidas a suco de sangue, principalmente preto. Mas esses mercadores da morte têm medo da música. Especialmente os *grooves* graves, os afroaffairs. Não se admite, mas ainda existe quem emite munição em modo de *beat*. A jurisprudência é prolífica, se pensarmos no *swing* à prova de notação musical quadrada europeia de Buddy Bolden e todo o *ragtime*; na nota fantasma que flutua jazz afora como o espírito de todos os Panteras Negras que o Cointelpro (Counter Intelligence Program, do FBI) conseguiu conter; os ecos, *reverbs* e texturas tortuosamente magníficos do dub de Jah; além das batidas surra-caixa que são sagradas no hip hop, no jungle / drum & bass, baile funk ou grime inglês. São os ritmos da sobrevivência, a Rebel Music do Bob Marley. Tudo isso quebra o transe apático da massa adormecida. Acorda cada vila e avisa toda a gente. Faz cumprir o profetizado propósito de abalar a cidade.

Rodrigo Brandão, 2024

UMA INTRODUÇÃO

Ninguém pode ignorar o papel que a música desempenha no dia a dia, a prova disso é o amor e a devoção que ela desperta em nós. A música nos impacta de maneiras difíceis de descrever. Se algum de nós fosse provocado a imaginar nossas vidas sem ela, ficaríamos sem chão, e essa existência seria indescritivelmente triste ou inimaginável. Nós não apenas "curtimos" música, somos **arrebatados** por ela.

É essa mesma incapacidade de expressar algo apenas em palavras que faz a função social da música algo tão difícil de entender. Para que **serve** a música? Qual o seu **propósito** nessa coisa chamada vida? Essas podem parecer questões simples e prosaicas, mas com o passar dos anos eu me vi obcecado por elas.

Este livro é uma tentativa de achar respostas. Ao escrevê-lo, parto de dois argumentos. O primeiro é que a música – seus efeitos em nossa mente, corpo e estado emocional – nos permite sentir algo maior que nós mesmos, imaginando nossas vidas íntegras e esplêndidas. O segundo é que o mundo à nossa volta nos diz o contrário, que a vida é uma jornada cada vez mais árdua a cada passo que damos adiante.

Por sinal, não precisamos nem ir tão longe para descomplicar o segundo argumento. Cada vez mais o mundo parece deprimente. A virada rumo ao autoritarismo e aos nacionalismos perversos, um nítido declínio das condições de vida (em todos os setores mas especialmente entre os jovens), a catástrofe climática que ameaça o próprio tecido social e, é claro, o fantasma da pandemia. Tudo isso contribui para uma existência que aparenta ser cada vez mais sem futuro.

Já o primeiro argumento merece ser mais bem desenvolvido. Neste momento da história, é sedutor entender nossas músicas preferidas – e também os filmes, pinturas, livros e seriados – como um escape, um bálsamo, um alívio ante as ansiedades do mundo. Não tenho como argumentar contra isso, porém a natureza da "fuga" merece questionamento.

Frequentemente esse rótulo escapista é, em si, uma desqualificação, separando arte e cultura de uma realidade mais séria. Por vezes, essas acusações de escapismo são uma retaliação sutilmente velada, insistindo que, na verdade, o mundo nem é tão ruim e nós deveríamos parar de nos lamentar. Mais frequentemente ainda é como um tapinha condescendente no ombro, uma insinuação de que, por mais que tentemos desfrutar da nossa imaginação, somos obrigados a assumir que ela tem pouca ou nenhuma relação com o mundo real.

Essa desqualificação se estende à vida cotidiana, ao ponto de parecer senso comum. Nas últimas quatro décadas, a ideia de arte como um direito público tem sido substancialmente minada por um ataque real e material à vida pública. Em 2012, o Chicago Teachers Union[5] percebeu a precarização da educação artística nas escolas, de maneira que o próprio movimento sindical sugeriu a reestruturação completa como pauta inicial da greve. As reivindicações que constavam nos panfletos grevistas ressaltaram que, como de costume, são as escolas mais pobres, em bairros não brancos[6] em sua grande

---

[5] N.d.T.: "Chicago Teachers Union" poderia ser traduzido como Sindicato dos Professores de Chicago. É uma organização de educadores que se dedica a promover o ensino público de qualidade, a melhorar as condições de ensino e aprendizagem e a proteger os direitos dos seus membros.

[6] N.d.T: A expressão "*people of color*" pode ser traduzida como "pessoas

maioria, que sofrem os cortes em artes e música. Também mostravam estudos que apontavam que crianças na educação artística têm maior autoconhecimento e empatia, maior empolgação com a aprendizagem, pensamento crítico mais agudo e mais propenso a ideias "únicas e fora do comum".[7]

Vale a pena perguntar por que, exatamente, os gestores do ensino básico veem tal reivindicação como desnecessária para os estudantes pobres e da classe trabalhadora. Uma explicação é que, na medida em que provas escolares que seguem padrões engessados incentivam os estudantes a copiar fórmulas decorebas, os preparando somente para tarefas submissas e repetitivas, a possibilidade de pensar para além dos limites do "real" se torna uma complicação e, na pior das hipóteses, uma ameaça.

Assim, a imaginação não é só tolhida nas escolas, ela é ceifada em diferentes ocasiões, como: o fechamento de centros culturais e espaços de arte gratuitos e acessíveis, a pressão contemporânea que força artistas a se tornarem celebridades e o senso comum de que apenas os "superdotados" (leia-se ricos e privilegiados) têm direito à criatividade ilimitada. A imaginação neoliberal é literalmente pobre. O que, neste caso, é algo deliberado. Eu quero confrontar esse empobrecimento e o senso comum que o acompanha. Sem o grande "e se?" as invenções humanas não existiriam. Isso vale tanto

---

não brancas" em português. Em países como Estados Unidos e Reino Unido, essa é uma terminologia frequentemente utilizada para descrever coletivamente indivíduos que não são de ascendência caucasiana. A expressão é usada para referir-se a grupos étnicos diversos, enfatizando a não pertença à categoria racial branca.

[7] Chicago Teachers Union, "The Schools Chicago's Students Deserve", (2012): https://www.ctulocal1.org/blog-img/text/SCSD_Report-02-16-2012-1.pdf.

para os indivíduos quanto para as massas, e nenhuma imaginação é tão subestimada quanto a das massas.

A negação dessa imaginação coletiva é uma pedra fundamental daquilo que passamos a chamar de "realismo capitalista", a ideologia na qual o capitalismo nos convenceu de que ele é a única opção para a nossa sociedade. No entanto, a história moderna nos mostra que outras propostas de sociedade existiram e tiveram amplo apoio. Essas são possibilidades de lidar com mundos e futuros alternativos que nos inspiram a lutar, e às vezes morrer, na esperança de algo melhor. A privatização e o ataque à vida pública despedaçaram essa dialética. Cínicos facilmente rotulam como "utópicas" as perspectivas de vida fundamentalmente diferentes. Num tempo em que as distopias são tão insuportavelmente presentes, tão avassaladoras e inevitáveis, nós podemos mesmo nos dar ao luxo de renegar o utópico?

Este livro responde tal pergunta com um enfático "não". Manifesta que ainda existe uma narrativa utópica a ser reivindicada e fortalecida. Fazer isso não pode ser somente uma reflexão tardia ou de uma hora para outra, como fomos ensinados a fazer com nossa própria imaginação. É preciso mostrar às pessoas que outro mundo é possível e que, a priori, é essencial construí-lo. Portanto, **não**, a imaginação utópica **deve** ser o coraç*o* da estratégia.

Para chegar a esse argumento, vários escritores e pensadores radicais da cultura são essenciais. O mais óbvio é Mark Fisher, cuja sombra paira amplamente sobre este livro, assim como sobre a teoria cultural de esquerda em geral. Foi Fisher que nos deu o conceito de "realismo capitalista" e também seu antídoto, o "comunismo lisérgico", que ele infelizmente começou a teorizar somente perto de sua morte.

O "comunismo lisérgico" pode ser descrito como uma estrutura de libertação na qual os aspectos sociopolíticos e cultural-estéticos estão unidos sob a bandeira da democracia cotidiana radical. Eis a promessa de um mundo onde todos têm recursos para atingir o seu potencial criativo pleno, que pretende ser um catalisador rumo a uma transformação fundamental das coletividades humanas.

De certa forma, este livro é uma tentativa de mapear um possível "comunismo lisérgico" longe do "realismo capitalista". O uso de um considerável repertório da teoria crítica e da cultura – da Escola de Frankfurt aos situacionistas, de Henri Lefebvre a Frantz Fanon, da teoria do blues de Amiri Baraka às geografias abolicionistas de Ruth Wilson Gilmore – explica por si as preocupações do livro. Todos têm um papel essencial. Acreditamos, com muita fé, numa visão de mundo em que a imaginação coletiva acontece dentro e na estrutura da vida cotidiana.

As artes nos sensibilizam neste mundo e todas têm uma contribuição única. Considero que o papel da música é especialmente difícil de definir porque ela afeta nossos sentidos e nossas mentes de um jeito muito profundo e particular. Em vez de nos entregar uma ideia de um mundo diferente pronto para ser contemplado, como a pintura e o cinema geralmente fazem, a música requer tempo para que seus efeitos caiam sobre nós. Seus ritmos e arranjos instigam nossas mentes e emoções a vivenciar um outro modo de existir, reconhecendo que a mudança no sentir é um convite a imaginar. Se ela captura a nossa atenção com força suficiente, traz literalmente e de forma sublime o **movimento** de dentro para fora. Assim fazemos quando batemos o pé enquanto assobiamos, quando dançamos loucamente ou quando cantamos a plenos pulmões.

Escolhi a cidade como o meu principal local de investigação por algumas razões. A primeira delas é que as cidades e a música estão indissociavelmente ligadas. A aglomeração de pessoas, recursos e ideias presentes em qualquer cidade deu origem à música popular tal como a entendemos e experienciamos. Mesmo os sons e gêneros que tiveram origem em ambientes essencialmente rurais – como, por exemplo, o blues do Delta[8] – só puderam se disseminar e influenciar músicos em todo o mundo devido à industrialização que advinha das áreas urbanas. Isso promove uma tensão que pode ser encontrada em praticamente qualquer gênero musical, pois os estilos colidem, dando origem a novos subgêneros, cenas e a todo tipo de contradições relativas a raça, classe, sexualidade, gênero e nação. É, ao mesmo tempo, problemática e emocionante, guardando simultaneamente em si potenciais para o apagamento ou a conexão ao longo das linhas de diferença.

Essas possibilidades são inevitavelmente moldadas pelo ambiente em que a música é feita e vivida. Trata-se de um aspecto frequentemente deixado de lado por aqueles que descartam a cultura popular como se ela fosse apenas um escape ou algo insignificante. A forma como interpretamos uma canção, assim como as camadas de interpretações que nela encontramos, tem muito a ver com o que já nos é oferecido.

[8] N.d.T.: O blues do Delta é um subgênero do blues que teve origem na região do Delta do Rio Mississippi, nos Estados Unidos, especialmente durante o início do século XX. Ele é caracterizado por seu som cru e emotivo, frequentemente tocado com slides de guitarra, dedilhados e acordes simples. O blues do Delta está profundamente enraizado nas tradições musicais afro-americanas e expressa as dificuldades, lutas e experiências de vida daquelas comunidades. Artistas como Robert Johnson, Son House e Charley Patton são figuras notáveis associadas ao estilo do blues do Delta, e sua influência pode ser ouvida em várias formas de blues e rock contemporâneos.

Embora a cidade contemporânea, de fato, manifeste possibilidades de alteridade e de uma diversidade mais atraente e adequada a uma vida que valha a pena ser vivida, essas possibilidades foram severamente restringidas pela forma como a própria cidade foi moldada.

Os contornos do capitalismo tardio – a sua substituição da narrativa coletiva e da responsabilidade social pelo indivíduo inquestionável – encontram eco no planejamento citadino. A privatização do espaço público, a crescente dependência de um policiamento ostensivo e muitas vezes mortífero, a segregação racial e a alienação geral presentes nesse sistema; tudo isso nos impõe a inviabilidade de uma alternativa.

Como defendo no primeiro capítulo, esses mesmos contornos são aplicados à música popular. À medida que o acesso público às artes diminui (de fato, nos Estados Unidos é quase inexistente), tanto os artistas como os ouvintes são forçados a depender da iniciativa privada. A forma como isso afeta a música tem sido a queixa de artistas e fãs desde que a indústria cultural nasceu, do sistemático preterimento de músicos negros de jazz por selos musicais comandados por brancos até a censura de certas canções na rádio após os ataques terroristas de 11 de setembro, em Nova York.

Apesar das mudanças drásticas na forma como a música é distribuída e ouvida nas últimas duas décadas, a sede por lucro continua a ser a força motriz. O crescimento dos serviços de streaming em dispositivos móveis pulverizou a nossa experiência de audição. Agora os serviços podem adaptar o que ouvimos ao nosso gosto, assim como o que nos é sugerido após o fim de um álbum ou de uma música. Tal qual muitos aspectos da vida cotidiana do consumidor dizem valorizar a "liberdade de escolha", há também uma dimensão profundamente manipuladora nos programas e algoritmos, restringindo o alcance de alguns gêneros ou estilos. No primeiro capítulo, também comento como os próprios artistas são pressionados a escrever letras que se adaptem melhor às ideias dos serviços de streaming em relação ao que é mais suscetível de receber maior exposição. O leque de possibilidades é limitado, com isso, as possibilidades de outros mundos dentro da música diminuem.

Isso significa que a dimensão utópica da música está extinta? Não totalmente. Mas se quisermos que ela desempenhe um papel utópico, então temos que dar nome aos obstáculos pelo que eles realmente são: sejam físicos, psicológicos ou tecnológicos. Além disso, temos de dar espaço para que a esperança de utopia possa se expandir.

É claro que a música não pode literalmente "mudar o mundo", da mesma forma que uma pintura não pode simplesmente sair da moldura e nos dar a mão. Mas a invocação do tempo pela música nos permite sentir um ritmo de vida que pode entrar em conflito com a disposição do mundo à nossa volta.

Geógrafos olham para o espaço através de escalas analíticas: a global, a regional, a nacional, a local. Tanto radicais quanto feministas têm defendido que a análise geográfica – das contradições, das desigualdades, das possibilidades de mudança – também pode ser aplicada em escalas micro, como o bairro ou a esfera doméstica. Ao longo deste livro, analisarei a produção do espaço – e, por conseguinte, do tempo – em todos os níveis, ora brevemente, ora aprofundando. O que acontece numa escala também tem impacto na forma como a vida é vivida em outras escalas. Guerras produzem consequências políticas e militares no âmbito regional, que invariavelmente atingem a segurança de uma família, mesmo estando em uma comunidade ou em um lar seguro. Acontecimentos regionais como esse também perturbam a distribuição internacional de alimentos e recursos, mudando a forma como os trabalhadores vivem nas cidades mesmo a meio mundo de distância do centro. Por outro lado, as revoltas populares e de grupos minorizados podem gerar crises para os governos muito além das fronteiras.

É aqui que devemos voltar ao conceito de **movimento**, da forma como a música nos impele a mover e da forma como esse movimento se cruza com propostas incendiárias e renovadas de espaço. Não é à toa que chamamos a insurgência de novas ideias – na música ou na esfera sociopolítica – de movimentos. Em ambos os casos, não significa apenas uma simples mudança, e sim uma transformação provocada por aqueles que insistem que as coisas podem ser feitas de forma diferente através do afastamento das velhas convenções.

Por isso mesmo, negar que a música e o espaço para sua criação sejam capazes de criar movimentos é uma caraterística frequente da história. Seja através da repressão direta, da censura, das hegemonias montadas ou dos consentimentos fabricados, é uma parte inevitável da manutenção do poder que remonta há séculos.

O filósofo grego Platão, 2 mil anos antes de alguém sonhar com o som gravado, explanou ardentemente as regras dos governantes de Atenas contra o acesso à música pelos escravizados em *A república*: "Não se pode alterar os modos musicais sem alterar ao mesmo tempo as leis fundamentais do Estado". Ou, numa versão vulgarizada: "Quando modos musicais mudam, os muros da cidade são abalados."[9]

---

[9] Platão. *A república*. Rio de Janeiro: Nova Fronteira, 2014, p. 124.

A música é como uma ameaça. Não metaforicamente. Não como slogans vagos e sentimentaloides, mas como componente de ingovernabilidade, dando vida à fricção entre o espaço e o tempo, o ser e o devir.

Os demais capítulos deste livro são dedicados à compreensão deste processo e à forma como esses dois diferentes entendimentos de movimento se cruzam, tendo em conta o atual ambiente social, político e econômico. A destruição social afeta a todos, em especial as comunidades oprimidas pela segregação racial, étnica e econômica. O segundo capítulo examina como artistas e ouvintes, mesmo nas áreas mais desprivilegiadas, conseguem encontrar na música uma forma de existir que recusa a dominação social. Isso pode ser alcançado através da criação de uma nova música ou da reinterpretação de canções que já existem, enfatizando o seu potencial e mostrando como esses indivíduos são capazes de tomar as rédeas das próprias vidas.

O terceiro capítulo analisa a coletivização de tal processo. O que acontece quando oprimidos, explorados e invisibilizados se encontram e constroem uma visão comum através da música? Isso, inclusive, nem sempre acontece necessariamente num contexto político. A cena rave e EDM[10] dos anos 1980 e 1990, por exemplo, não teve origem explicitamente política. A sua composição multirracial e a repressão que enfrentaram por parte de governos empenhados em controlar o espaço, no entanto, as colocou em franca rota de colisão com a polícia e os políticos conservadores que queriam acabar com as festas.

[10] N.d.T.: EDM, ou *Electronic Dance Music*, é uma vertente da música eletrônica produzida para fins comerciais. Sua origem remonta à fusão da disco music e dance music americanas com a música eletrônica de grupos europeus, em especial o Kraftwerk, nos anos 1970.

Existe uma evidente afinidade entre essas cenas musicais e a forma como os movimentos sociais incorporam a música nas suas ações. Em ambos os casos, há um desejo pelo utópico, um esforço em transformar o espaço com a música, muitas vezes contra o uso inicial definido para determinado espaço. É um fenômeno visível na "insurreição grime" da revolta estudantil de 2010 na Grã-Bretanha, na relação do hip-hop com o Black Lives Matter e nas recentes revoltas populares no Líbano, no Haiti, no Chile e na França. Os espaços públicos que outrora eram insípidos e redirecionavam a população para longe de uma certa radicalidade são reconfigurados como possibilidade de liberdade e futuro.

O capítulo final do livro pergunta, com honestidade e sem oferecer respostas fáceis, o que esperar do futuro e suas consequências. *Abalar a cidade* está sendo escrito num momento muito oportuno. A pandemia de Covid-19 e a crise climática mudaram a vida pública e a política como conhecemos. O tribunal ainda não decidiu se isso estimulará o capitalismo tardio a abandonar o modelo neoliberal, redescobrindo finalmente a necessidade de investimento público permanente.

Muito mais preocupante é a forma como a pandemia consolidou e acelerou a ascensão da extrema direita em vários governos, esquinas e ruas do mundo todo. O capitalismo mais uma vez mostra as suas garras, fazendo florescer uma pulsão repugnante que se deleita com o sofrimento humano e a morte em massa. A polícia é aplaudida por violentar pessoas não brancas e imigrantes. Ataques à luz do dia contra pessoas trans e *queer* aumentaram. Líderes eleitos encorajam a violência de vigilantes "cidadãos comuns". Os empresários da classe média exigem abertamente que "sacrifiquemos os fracos" em prol de suas mansões e clubes.

Na outra ponta da polarização, o ressurgimento da esquerda radical continua, embora de forma menos incisiva. Ela sofreu derrotas esmagadoras nos últimos anos – o fim dos projetos de Corbyn e Sanders, leis criminalizando protestos –, mas a suspeita de que o centro ainda pode resolver algo está em completa decadência. O socialismo, em qualquer que seja a sua abordagem, continua a crescer em popularidade entre os jovens. As revoltas populares contra a privatização, o autoritarismo e a desigualdade, outrora interrompidas pela Covid, voltaram a se intensificar. O ditado popular socialista de mais de um século atrás, que fala sobre a escolha entre "socialismo ou barbárie", se torna absolutamente literal.

O que isso significa para o nosso direito à cidade, a uma vida decente, à música, à arte e à imaginação é uma questão muito em aberto, mas não é uma questão em vão, nem mesmo num mundo tão tenebroso. Justamente porque as coisas parecem tão sombrias, não podemos nos dar ao luxo de não colocar essas questões. A nossa capacidade de imaginar um futuro diferente, mesmo quando a direita formula e decreta a sua própria distopia em tempo real, é mais urgente do que nunca.

Na sua essência, *Abalar a cidade* é um apelo para que sejamos capazes de emergir de um imaginário obscuro e enterrado sob os escombros da repressão e da catástrofe. O livro insiste em que nossas vidas podem ser experiências magníficas e plenas, exatamente como acontece quando somos tomados pela música e pela arte. Contra a letargia do autoritarismo e do apocalipse, devemos cultivar qualquer oportunidade de sonhar com um futuro que valha a pena viver.

CANÇÕES NUMA CIDADE ESTRANHA

O sistema econômico fundado no isolamento é uma produção circular do isolamento. O isolamento fundamenta a técnica, e, em retorno, o processo técnico isola. Do automóvel à televisão, todos os bens selecionados pelo sistema espetacular são também as suas armas para o reforço constante das condições de isolamento das "multidões solitárias".

Guy Debord, *A sociedade do espetáculo*[11]

You got a heart of glass or a heart of stone
Just you wait 'til I get you home
We've got no future, we've got no past
Here today, built to last
In every city, in every nation
From Lake Geneva to the Finland Station

Pet Shop Boys, "West End Girls"[12]

---

[11] Guy Debord. *A sociedade do espetáculo*. São Paulo: Projeto Periferia, 2003. Tese 28, p. 25. Traduzido por: Railton Sousa Guedes e Coletivo Periferia.

[12] Tradução: "Você tem um coração de vidro ou um coração de pedra / Apenas espere até eu chegar em casa / Não temos futuro, não temos passado / Aqui hoje, construído para durar / Em cada cidade, em cada nação / Do Lago Genebra à Estação Finlândia" – Pet Shop Boys, "Garotas do West End".

Escuta (não) coletiva num mundo (não) coletivo

Antes de sair de casa, você põe seus fones de ouvido. A essa altura do campeonato, é algo rotineiro, que você faz sem pensar. O mundo que você deliberadamente escolhe para os seus ouvidos é muito mais interessante do que aquele outro do lado de fora, depois da porta da frente. Talvez você seja um dos poucos (não) sortudos que têm um carro, usando-o para ir e voltar do trabalho todos os dias. Ou talvez você seja um dos mais (não) sortudos ainda, sem lugar algum para ir. E aí você fica em casa. Dentro de um carro ou num quarto minúsculo, ali pelo menos você pode controlar o ambiente. A música que você escolhe é parte desse controle.

Ainda que insistentemente tentemos, é inútil achar que podemos ter esse mesmo tipo de controle do lado de fora. Caminhando para o transporte público, para a escola, para fazer compras, nós ouvimos música não para nos envolver e nos conectar, mas para ignorar o que está ao redor.

E quem pode nos culpar? O que nos espera lá fora? Os outros estão tentando ignorar você tanto quanto você já o faz. Ao olhar para frente, somos lembrados de quem é que manda em tudo que está posto no horizonte. Aqueles que dominam de dentro dos monstros gigantes de vidro e concreto esquecem que estão numa fortaleza porque ela não é feita para eles que estão dentro. Ela é feita para impor poder sobre nós, os que estão do lado de fora. Nós não ousamos nem mesmo entrar, a fortaleza se eleva e se impõe tão enormemente sobre nossas cabeças que isso não é nem mesmo uma possibilidade. Mesmo que o arranha-céu tenha sido construído semana passada, ele vai flutuar impune.

Inevitavelmente, nosso olhar passeia de cima a baixo, nos lembrando do estrago que essas fortalezas causaram. Flashes rápidos de imagens emergem. Vemos ruas e calçadas nos conduzindo sem nenhuma paciência ou contemplação. Vemos também muitos policiais intimidadores, lojas em que não podemos comprar nada, restaurantes que não conseguiremos pagar e apartamentos que não temos como custear. Logo essas propriedades serão demolidas e transformadas em condomínios luxuosos que zombam da própria ideia de acessibilidade econômica. Botecos agradáveis, espaços independentes e outros lugares prediletos estão fechados, suas memórias permanecem somente em nossas cabeças. Parques e praças públicas abandonadas ou com tanta vigilância que qualquer intenção de relaxar e descansar ali causa ansiedade.

Há outros indivíduos naquele espaço, mas raramente os consideramos como iguais. Habitualmente os consideramos como obstáculos, algo "no meio do caminho", nos impedindo de chegar no destino final. Eles não são amigos, ou vizinhos, ou outros residentes. Se eles não têm um teto para chamar de seu, mal são considerados humanos.

Quem não gostaria de se desligar desse mundo? Nós não conseguimos ignorá-lo completamente, nossos olhos não permitem, mas pelo menos podemos usar nossos ouvidos para anestesiá-lo. Os ritmos e os sons escolhidos por nós (ou, cada vez mais, escolhidos para nós) são um universo pronto muito mais alinhado com nossas vontades e desejos. A frustração que você sente quando um humano qualquer cruza seu caminho num momento em que você quer ficar só é suavizada pelas memoráveis músicas do seu casamento. As trágicas manchetes de jornais na banquinha de revistas dão lugar ao excitante novo *single* do seu artista pop preferido. A ansiedade que você sente quando avista uma multidão desconhecida aglomerada na calçada é absorvida emocionalmente por sua "playlist da raiva". O ambiente em que nós vivemos, trabalhamos e ocasionalmente brincamos não é feito para nós. Nossa música pode fazer **parecer que é**, ou pelo menos é isso que contamos para nós mesmos.

A onipresença dos nossos fones de ouvido significa uma proximidade irreversível com o tempo capitalista. É um modo de tempo vivido, a sua forma mais verdadeira, aquela do sujeito atomizado. Agora, mais do que nunca, a música é apreciada individualmente ao invés de coletivamente. Mesmo cercados por outros, estamos sozinhos.

Nem sempre foi assim. Durante a maior parte da história, a música era, por necessidade, um fenômeno que acontecia ao ar livre. Mesmo o eremita solitário que cantarolava somente para si mesmo corria o risco de ter seu canto ouvido por quem ali passasse. A ideia de música privada, do som destinado ao desfrute individual, é relativamente nova.

Podemos identificar sua origem junto ao nascimento e à história do som gravado. Esse tipo de aperfeiçoamento tecnológico reflete a constante capacidade do capitalismo em se atualizar, transformando as manifestações musicais e o consumo cultural. Antes que partituras e instrumentos musicais se popularizassem, nos reuníamos em salas de concerto ou em praças para ouvir música. Compartilhávamos som e ritmo com outras pessoas, coletivamente. Nos abraçávamos e nos víamos uns nos outros. Nós cantávamos, aplaudíamos e dançávamos.

A presença da música nos espaços domésticos e privados, no entanto, não era rara e nem incomum. A produção industrial de instrumentos musicais e partituras, contudo, acelerou a sua disseminação. As salas de concerto e a música ao vivo continuavam, ainda eram populares, mas, de certa forma, o começo do fim já estava traçado.

Com o advento do fonógrafo de Thomas Edison, tal aspecto se tornou ainda mais enraizado, sendo acelerado especialmente pela ascensão do rádio. Foi (e é) algo inegavelmente fantástico. Pela primeira vez na vida, podíamos ouvir **um som que foi gravado e reproduzido**. Independentemente das nossas habilidades musicais, éramos capazes simplesmente de escolher o que ouvir. Os cilindros fonográficos pavimentaram o caminho para os discos de vinil, e o fenômeno se tornou cada vez mais parte do dia a dia.

Depois da Segunda Guerra Mundial, os fones de ouvido se tornaram um acessório comum em toca-discos. A tecnologia evoluiu com a expansão do complexo militar-industrial estadunidense, e foi aprimorada pelo *boom* consumista no pós-guerra. Pela primeira vez foi possível limitar o universo do som gravado a uma única pessoa, e sem precisar trancar a porta do quarto. Então, vieram as fitas cassetes e, não muito depois, os walkmans. Agora, como éramos a audiência de uma pessoa só, podíamos ir para quase todos os lugares ouvindo música, isolando o mundo à nossa volta em cassetes (e logo depois, CDs) que carregávamos nas nossas mochilas.

Então veio o MP3 e os tocadores de MP3, e com eles a capacidade de armazenamento de músicas cresceu assustadoramente. A ascensão dos smartphones e dos serviços de streaming terminou de certificar esse número. Hoje, teoricamente, nós podemos carregar no nosso celular cada som, cada canção, cada show e peça, cada *cakewalk* e *rag*,[13] cada hardcore barulhento e rap de SoundCloud já gravado.

[13] O *cakewalk* é uma peça musical em forma de marcha que teve origem no século XIX como uma dança executada por escravizados afro-americanos para parodiar o comportamento dos seus senhores brancos. O *ragtime*, por sua vez, é uma forma musical semelhante e tocada no piano ou banjo. Ambos os gêneros foram bastante populares da década de 1890 até mais ou

Nossa imaginação certamente agradece tamanho acesso, facilidade e as possibilidades ao alcance das nossas mãos e dedos. O problema é que limitamos o mergulho da nossa imaginação somente aos reinos do individualismo. Na verdade, nos contaram que, fora desse âmbito individualista, a história tinha acabado.

Muito provavelmente foi bom que não tenhamos percebido a música como um **fenômeno social**, como algo compartilhado, debatido, criado e recriado coletivamente em grande escala. Considerando o crescente isolamento da vida urbana, talvez seja melhor mesmo nos resguardarmos, sempre que possível, numa bolha. Se não podemos eliminar os monstros dos traumas físicos e psicológicos da vida na cidade moderna, se não vemos saída para uma solução coletiva, se essa solução coletiva não é nem mesmo uma possibilidade, então é melhor manter esses monstros bem longe.

"O uso dos fones de ouvido", diz Mark Fisher no seu notável *Realismo capitalista*, "é significativo aqui – o pop é experimentado não como algo que poderia ter impactos sobre o espaço público, mas como uma fuga em direção ao privado 'ÉdIpod' [OedIpod][14] do prazer de consumo, uma parede contra o social".[15]

---

menos a Primeira Guerra Mundial. Algumas das canções mais populares do gênero foram interpretadas por Edward Meeker e Billy Murray, entre outros.

[14] N.d.T.: Nessa citação, Mark Fisher usa a palavra OedIpod como uma espécie de trocadilho entre a palavra "IPod", o player de MP3 da toda-poderosa empresa de tecnologia Apple, e a palavra "Oedipus" ("Édipo", em português). A intenção do autor é relacionar o individualismo que o uso compulsório de fones de ouvido provoca no mundo contemporâneo com o mito de Édipo, que muitos consideram como sendo fundante da sociedade ocidental.

[15] Mark Fisher. *Realismo capitalista: é mais fácil imaginar o fim do mundo do que o fim do capitalismo?*. São Paulo: Autonomia Literária, 2020 p. 47.

Ritmo-capital

O capitalismo tem um ritmo. Frederick Winslow Taylor e Henry Ford os identificaram ao falar sobre as capacidades produtivas do capital. Marx e E. P. Thompson, por outro lado, analisaram e criticaram-no. Na medida em que objetos se tornaram commodities, que as mercadorias passaram a ser a forma dominante no planeta e que a troca e circulação delas se tornou seu principal eixo, as atividades e as tarefas necessárias para produzir essas mercadorias ficaram mais cronometradas, contadas, estabelecidas e repetidas *ad infinitum*. O ritmo da vida começou a ser dominado não pelas estações do ano, como o nascer e pôr do sol, mas pelas horas, minutos e segundos necessários para fabricar e vender. A nossa própria experiência com o tempo foi radicalmente transformada.

Thompson, em "Tempo, disciplina de trabalho e capitalismo industrial", argumenta que o relógio mecânico se torna onipresente entre os anos de 1300 e o começo do século XIX. Antes de seu surgimento, o tempo não era contado de acordo com a hora, o minuto, o segundo, mas de acordo com a posição do Sol no céu, o derretimento da neve no inverno ou o desabrochar sazonal das flores. Ele cita vários outros conceitos pré-capitalistas de tempo, das Ilhas de Aran à Argélia, passando por Madagascar, todos como exemplos de uma autonomia temporal e de vida diferente do tempo capitalista.[16]

O agricultor camponês, o pequeno artesão, o sapateiro e o ferreiro eram os proprietários de fato das suas próprias mercadorias, somente fazendo, negociando e vendendo o necessário para sobreviver ou o que lhes era exigido. Além disso, em certa

---

[16] E. P. Thompson. "Tempo, disciplina de trabalho e capitalismo industrial". In: *Costumes em comum: estudos sobre a cultura popular tradicional*. São Paulo: Companhia das Letras, 1998.

medida, eles podiam refletir sobre seu trabalho, ponderar o que funcionava e o que poderia ser aprimorado. Eles podiam experimentar, usar a inteligência e a criatividade em seu ofício. O tal "ritmo de trabalho", como colocado por Thompson, era outro, podendo variar substancialmente.

A maioria dos trabalhadores e artesãos não possuíam relógio mecânico. Mas, à medida que suas vidas se aproximavam do chão da fábrica, que sua força de trabalho se tornava a única coisa que podiam vender, eventualmente e inevitavelmente, o relógio se tornou essencial. Mesmo em casa, nos momentos de descanso do trabalho árduo, não podiam se dar ao luxo de perder a noção das horas por causa da ameaça de atraso. Se isso acontecesse, poderiam dar de cara com as portas da fábrica fechadas, e o salário de um dia estaria perdido. A hegemonia impositiva e progressiva do "tempo de relógio" foi fundamental para retirar dos trabalhadores o controle sobre o que produziam, quanto produziam e para quem produziam.

Na verdade, isso fez parte de um processo histórico mais vasto e profundo, através do qual os camponeses e os pequenos artesãos foram arrancados de suas terras, perdendo completamente a sua autonomia. Trancados em oficinas (e eles eram frequentemente presos), o seu tempo pertencia a um outro indivíduo, o patrão. A velocidade e a eficácia dos seus movimentos eram vigiadas, submetidos a uma "produtividade" que deveria ser cada vez maior.

Ao passo que "hora de trabalho" e "tempo livre" se tornaram distintos, o segundo passou também a estar *sub judice* do relógio. As marcas temporais do capitalismo se fortificaram em todas as dimensões possíveis. Como aborda Ellen Meiksins Wood em *Democracia contra o capitalismo*:

> Simultaneamente, se o capitalismo – com sua classe trabalhadora juridicamente livre e seus poderes econômicos impessoais – remove muitas esferas da atividade pessoal e social do controle direto de classe, a vida humana é em geral atraída para uma órbita do processo de produção. Direta ou indiretamente, a disciplina da produção capitalista, imposta pelas exigências da apropriação capitalista, pela competição e acumulação, traz para sua esfera de influência – e dessa forma, sob o controle do capital – uma gama enorme de atividades e exerce um controle sem precedentes sobre a organização do tempo, dentro e fora do processo de produção.[17]

Toda a vida passou a ser dominada pelo relógio, com cada mísero segundo contado como se fosse uma obrigação de mercado. No trabalho, os movimentos eram reduzidos ao mais básico possível, eliminando qualquer possibilidade de improviso criativo. As tarefas eram repetitivas e mecânicas, reduzidas a um ritmo maçante e arrastado por dez, doze, dezesseis horas por dia. O tempo "livre" aparecia então quando nós dávamos o nosso melhor para ignorar o fato de que cada minuto que passava nos colocava de volta na mesma monotonia enlouquecedora. Se tivéssemos sorte, poderíamos evitar a lembrança de passagem de tempo por meio da compra de alguma coisa. É por essa razão que os primeiros conflitos dentro das fábricas não tinham a ver com compensar de alguma forma o tempo que perdíamos lá, mas sim com a materialidade física desse tempo: quanto dele se esperava que déssemos em prol do trabalho e quanto controle sobre ele poderíamos exercer.

---

[17] Ellen Meiksins Wood. *Democracia contra capitalismo: a renovação do materialismo histórico*. São Paulo: Boitempo, 2003, p. 46.

A propagação do tempo de relógio foi também, ao mesmo tempo, uma ferramenta útil na difusão do capitalismo imperial e, obviamente, frequente razão de resistência. Joe Zadeh, em *The Tyranny of Time*, cita o exemplo dos povos indígenas da Austrália durante a colonização britânica:

> Em Melbourne, igrejas e estações ferroviárias cresceram rapidamente, trazendo consigo os ponteiros, os rostos, os sinos e a cacofonia geral da hora de relógio. Em 1861, um balão horário[18] foi instalado no farol de Williamstown e a cidade de Melbourne foi oficialmente sincronizada com fuso horário de Greenwich. Os colonizadores britânicos tentaram integrar os povos indígenas no seu ritmo de trabalho, com resultados insatisfatórios, devido à relutância destes povos em sacrificar suas próprias convicções e conceitos sobre o que significava tempo. Os aborígenes não acreditavam no "trabalho sem significado" e na "obediência ao relógio", escreveu o sociólogo australiano Mike Donaldson. "Para eles, o tempo não era um tirano."[19]

O mundo se globalizou, e então as barreiras espaciais foram derrubadas. As tecnologias que, parafraseando Marx, aniquilam a distância usando o tempo, também quebram e saturam a nossa experiência, nos alienando uns dos outros e de nós mesmos. O espetáculo que coopta o nosso encanto nos priva da nossa própria autonomia. O mundo parece estar mais

---

[18] N.d.T.: Um balão horário é um objeto de contagem de tempo, muitas vezes esférico e geralmente pintado de preto e branco, que era historicamente usado como um meio de indicar a hora exata para marinheiros e observadores. O objeto era particularmente importante em portos e áreas marítimas antes dos relógios com ponteiros se tornarem mais comuns.

[19] Joe Zadeh, "The Tyranny of Time", *Noema Magazine* (3 de junho de 2021): https://www.noemamag.com/the-tyranny-of-time.

fora do nosso controle do que nunca. O filósofo situacionista Guy Debord identificou tal contradição quando escreveu no seu *Sociedade do espetáculo*, de 1967, que "esta sociedade que suprime a distância geográfica, amplia a distância interior, na forma de uma separação espetacular."[20]

Em qualquer esquina do planeta, lugares que quinhentos anos atrás eram apenas contos de fadas, hoje podem ser tocados e conhecidos com certa precisão. Alguns de nós, no entanto, jamais veremos esses lugares. Em vez disso, nós nos imaginaremos nesses lugares através de vídeos e fotografias, da imagem tecnologicamente reproduzível, do som gravado. As cidades crescem em todas as direções. São pessoas como nós que as construíram e as levantaram. Ainda assim, a grande maioria de nós jamais conhecerá a cobertura de um arranha-céu. A história, agora pautada pelo consumo, acontece com ou sem a gente, mas nunca por nossa causa. Os ritmos de uma vida-mercadoria enfraquecem nossas subjetividades individuais e coletivas, nos impedem de viver plenamente.

O ritmo do Capital molda a nossa música...

A ascensão do ritmo comodificado transformou não somente a forma como ouvimos música – tornando-a mais acessível –, mas também a própria música. Com o capitalismo se espalhando pelo planeta, a vida rural se tornando progressivamente urbana e à medida que nações e povos eram pilhados em nome da acumulação primitiva as expressões artísticas e culturais mudaram drasticamente.

---

[20] Guy Debord. *A sociedade do espetáculo*. Trad. Railton Sousa Guedes e Coletivo Periferia. São Paulo: Projeto Periferia, 2003. Tese 167, p. 103.

O que nós entendemos como "música popular" existe, em último caso, por causa desse processo. Antes dos ritmos comodificados se incorporarem em todos os aspectos da vida ordinária, as estruturas dos ritmos musicais podiam variar consideravelmente. Em muitos casos, eles eram experimentados ao limite, nos fazendo questionar o que de fato seria um ritmo. Em vários contextos, como nos muezzin da Ásia Menor e no Magreb, o ritmo, a cadência e as notas eram construídas de acordo com o andamento das palavras. Canções folk no norte da Europa partiam de uma abordagem semelhante. As batidas das danças cerimoniais na África Ocidental evocavam uma estrutura rítmica que era profundamente diferente dos ritmos unidimensionais das antigas marchas militares americanas.

É bem conhecido e um tanto discutido hoje em dia como certos elementos do blues – portanto da música popular estadunidense, em certa medida, na música popular de todo o mundo – têm conexões diretas com os cantos de trabalho[21] dos africanos escravizados e dos seus descendentes. Um tanto menos debatido é o quão interligado esse fenômeno esteve ao nascimento do capitalismo e dos impérios econômicos globais. Os ritmos e as estruturas que começaram a tomar forma, modificando canções tradicionais da África

---

[21] N.d.T.: Para este contexto, assumimos a tradução literal e usual de *work songs*, porém, é válido destacar a tradução para "cantigas de preceito", como sugeriu André Capilé na tradução do livro *Black music: free jazz e a consciência negra* (sobinfluencia, 2023), de LeRoi Jones (Amiri Baraka). O tradutor tomou de empréstimo o modo como Edimilson de Almeida Pereira cataloga os cantopoemas do congado em *A saliva da fala* (Azougue, 2017), "uma vez que reúne os sentidos de trabalho (em seu sentido mais direto) e feitiço (por conta do aspecto ritual implicado)" e, portanto, mais preciso ao relacionar com essa prática negra e com a epistemologia do blues, proposta por Clyde Woods e que virá na sequência do texto.

Ocidental, também se adaptaram à necessidade de produção constante e repetitiva, sendo inevitável o surgimento de um andamento que acompanhasse o mercado global em expansão de bens e produtos.

Para os descendentes daqueles escravizados, a evolução desses sons tentava conceber uma presença e um futuro para eles mesmos, o que Clyde Woods, em *Development Arrested*, chama de "epistemologia do blues". Em meio a um Delta do Mississippi e uma América sulista que estabeleciam um controle rígido do trabalho e das tradições negras, o blues "era um unguento da sabedoria popular, da vida e do trabalho negro, um relato de viagem, *hoodoo*,[22] além de uma crítica ao individualismo e às instituições." [23]

O surgimento da música popular demandou a formação e a consolidação das classes populares em um sistema comum, estimulando a união entre elas, apesar das diferenças e variações internas. A necessidade de padronizar tudo, de fazer todas as coisas consumíveis, de tornar o tempo, o espaço e a vida humana algo previsível passou a ser a ordem do dia. Na maioria das vezes essa padronização foi violentamente imposta. Apesar disso, ela também substituiu o provincialismo pelo cosmopolitismo. E seres humanos raramente são

---

[22] N.d.T.: *Hoodoo* é uma forma de prática espiritual oriunda das comunidades afro-americanas do sul dos Estados Unidos. É uma tradição que incorpora elementos de várias influências culturais, incluindo africanas, indígenas americanas e europeias. Envolve o uso de ervas, raízes, minerais, amuletos e rituais para influenciar a vida e alcançar objetivos específicos. É importante ressaltar que o hoodoo é distinto da religião vodu (ou vodou), que tem suas raízes em tradições africanas e é praticada em várias formas em diferentes partes do mundo, especialmente no Haiti e em algumas regiões da África.

[23] Clyde Woods. *Development Arrested*: The Blues and Plantation Power in the Mississippi Delta. Londres: Verso, 2017, p. 43.

previsíveis. Músicos, profissionais e amadores, passaram a estar em contato com as invenções sônicas de outras partes do mundo que eles jamais conheceriam. Estilos e tradições se cruzaram em níveis jamais vistos. Sob o manto da vida ordinária invariavelmente dominada pelo trabalho, esses indivíduos desejavam suas próprias regras. Basicamente cada música que conhecemos e amamos na modernidade é fruto desse processo de cosmopolitização.

Isso não nega que o mundo colonizado trouxe contribuições fundamentais para a atmosfera e os sons da música popular. Tal contribuição, aliás, ainda necessita ser reconhecida em sua plenitude. Também não foi um processo completamente homogêneo e de mão única. Comparar a música de Fela Kuti com a dos Ramones revela contrastes marcantes, ainda que ambos tenham surgido no mesmo momento da história. As particularidades da música de Kuti refletem um ponto muito específico da história da Nigéria, caracterizada pela industrialização acelerada durante o *boom* da extração de petróleo nos anos 1970 numa sociedade que era predominantemente agrícola. Trata-se de uma complexa sobreposição de diferentes modos de vida, o acelerar dos ritmos tradicionais que haviam acabado de se livrar do peso da dominação colonial.

Os Ramones, enquanto isso, nasceram numa Nova York que estava caindo aos pedaços. As consequências do pós-guerra levaram a cidade à falência, quarteirões inteiros foram abandonados. Nesse contexto, a simplicidade agressiva, trazida à tona por um "1-2-3-4" quase irracional fazia muito sentido. O mesmo valia para suas respectivas audiências. Apesar das notáveis diferenças, ambos refletiam a realidade elemental de Lagos, Nigéria, e Nova York, Estados Unidos da

América, que estavam profundamente integradas ao sistema global de produção de mercadorias.

Os elementos comuns presentes na música popular são o foco do livro *Groove: An Aesthetic of Measured Time*, de Mark Abel. A música, pontua Abel, é inevitavelmente a estetização do tempo. Nossa reação mental e emocional a uma nota ou uma batida é alinhada com a nota ou batida que vem antes e depois, simultaneamente. A ressonância de uma canção só é percebida ao longo do tempo, não importando seu tamanho, se longa ou curta. Portanto, a experiência temporal da música envelopada pelo capitalismo reflete a nossa experiência com o próprio tempo capitalista.

Ainda que existam grandes diferenças entre distintos tipos e gêneros de música popular, virtualmente todos eles partem de um padrão rítmico que Abel divide em quatro elementos essenciais: tempo do metrônomo, síncope, métrica profunda e contratempo.

Tempo do metrônomo: o pulso invariável, o ritmo regular e repetitivo, o "1-2-3-4". Antes do nascimento do capitalismo industrial não era incomum ouvir tipos de música em que o pulso variava consideravelmente, inclusive na mesma composição. Em alguns gêneros pré-modernos – o canto gregoriano, por exemplo, ou a oração islâmica conhecida como muezzin – o ritmo era relativamente livre, capaz de se dobrar ou mudar de acordo com a necessidade das palavras cantadas. A música romântica do século XIX frequentemente executava desvios de ritmo para que as frases musicais pudessem ser performadas pelos intérpretes. A música clássica europeia é muito bem conhecida por mudanças no tempo e pelo uso de diferentes andamentos. No capitalismo industrial, o ritmo musical imita os movimentos repetitivos da linha de produção: com um ritmo regular estabelecido – não muito diferente do andamento constante e contado das fábricas – as várias formas de música popular contribuem para os padrões.

Síncope: o tocar de outras notas, batidas ou frases entre os compassos "1-2-3-4", principalmente no meio-tempo, um quarto ou um oitavo de tempo. Essa variação pode seguir um padrão específico que ocorre na mesma batida ou é desviado em diferentes graus. Os vocais, guitarras, baixo, teclados, metais e outros instrumentos de percussão trazem suas próprias linhas e andamentos, preenchendo o espaço entre as batidas e direcionando nossa atenção para esses intervalos. Além disso, esses elementos intensificam a sensação de antecipação, criando a expectativa de que o movimento recém-executado retornará em breve, muitas vezes antes do que esperamos.

Métrica profunda, ou **métrica em vários níveis,** é difícil de descrever, em parte porque aborda um conceito de métrica e tempo que muitos teóricos musicais consideram aberto ao debate. Podemos, no entanto, dizer que Abel está descrevendo o fenômeno que acontece quando uma frase musical de um instrumento ou vocalista se prolonga muito além do tempo que geralmente teria. A linha de guitarra pode ter muito mais notas para tocar no mesmo espaço de tempo em que o baixo toca a sua, se entrelaçando com uma parte de percussão que deixa espaços para serem preenchidos pelas colcheias e semínimas.

Isso leva a uma experiência de música na qual os instrumentos parecem estar tocando linhas distintas, mas que, de alguma forma, também se entrelaçam. Uma "hierarquia sônica" é criada, na qual alguns sons são acentuados e outros servem como complemento. Melodias e harmonias tendem a seguir o ritmo. Na medida em que o padrão musical vai aparecendo, a divergência também se faz presente, intensificando ou diminuindo a sensação de antecipação que a própria música produz.

Por último, há o **contratempo**: enquanto algumas canções com ritmo constante podem ou não enfatizar alguns momentos dentro do tempo do metrônomo, os contratempos acontecem fora do tempo, fora do padrão. As marchas militares de John Philip Sousa, por exemplo, colocam uma ênfase uniforme nos tempos "1" e "4". O rock, o blues e o R&B, ao contrário, quase sempre ressaltam os tempos "2" e "4". Ouçamos onde a caixa de bateria soa em qualquer trecho de rock ou hip-hop, e essa diferença no tempo fica evidente.[24]

Juntos, esses quatro elementos criam uma experiência rítmica distinta e bem articulada. Uma sensação trazida à tona pela antecipação e retribuição, na qual o novo é rapidamente absorvido pelo pré-existente. Um mundo construído por essa combinação de batidas e notas é, certamente, mais complexo e mais sutil. Ele exige que nós sejamos corajosos o suficiente para ir sempre mais fundo, mesmo que inevitavelmente voltemos para um padrão que é familiar. Nos momentos mais eficazes, cria-se um estado hipnótico em que o ouvinte está profundamente imerso.

Qualquer pessoa que tenha passado algum tempo em um ambiente de trabalho onde os mesmos produtos ou serviços são repetidamente produzidos pode atestar a familiaridade dessa estrutura temporal. E isso não se aplica apenas às fábricas tradicionais ou armazéns, que, por sinal, estão em extinção em muitas partes do mundo.

---

[24] Este é um resumo breve de um aprofundamento muito mais pormenorizado fornecido no livro. Mark Abel. *Groove: An Aesthetic of Measured Time*. Leida: Brill, 2014.

Um barista em um café se divide entre ir ao caixa e à máquina de café expresso, sabendo que certos movimentos e gestos vão ser sempre parte do padrão, mas também consciente de que inevitavelmente haverá mudanças dependendo do pedido. O produto deve estar o mais dentro do padrão possível para que possa ser vendido pelo preço previamente estabelecido.

Os operadores de telemarketing em centrais de atendimento memorizam um roteiro de atendimento, mas também se preparam para momentos em que precisarão improvisar. Algumas improvisações se tornam mais recorrentes do que outras, adquirindo sua própria previsibilidade e sendo parcialmente integradas ao roteiro. Em ambos os casos, há um ritmo regular de ação para o qual o trabalhador se sujeita a memorizar. A canção popular emerge com uma pegada semelhante.

Nada disso é casual, coincidência ou algo que repetimos inconscientemente. Berry Gordy, produtor musical e fundador da lendária gravadora de soul music Motown, falava frequentemente que a pegada rítmica pulsante que era a assinatura da sua empresa de discos veio à tona após anos de trabalho na linha de produção automotiva das indústrias de Detroit.

Com essa estrutura rítmica dominante, parece apropriado que ela também influencie o tom e o tema de uma música. Tony Iommi, considerado por muitos o guitarrista mais influente da história do heavy metal, nos ensina algo parecido. Antes de ser o guitarrista do Black Sabbath, Iommi perdeu as pontas de dois dedos em seu último dia de trabalho como soldador numa fábrica de chapas metálicas em Birmingham, Inglaterra. Ozzy Osbourne também lembra de ter ficado traumatizado com a matança industrial por ter trabalhado em um açougue da cidade. A influência dessa repetição ensurdecedora e da violência industrial é evidente nos três primeiros álbuns do Black Sabbath. "Literalmente, era o 'metal pesado' na vida influenciando o heavy metal no som", escreveu o jornalista Bryan Reesman.[25]

A relação entre a produção industrial e a estrutura sônica da música popular moderna é nítida. Mas qual é essa ligação? Como é que a dominância de tal estrutura temporal se prenuncia para nós, que não temos controle sobre a forma como trabalhamos ou sobre o que é feito com esse trabalho?

Num ensaio escrito com George Simpson, "Sobre música popular", Theodor Adorno considerou a reprodução do ritmo industrial como prova de que a música popular era uma algema para a imaginação.[26] Para ele, a aparente liberdade da música popular era uma miragem. Os seus ritmos estandardizados nos torna conformados com os padrões rígidos de uma vida mercantilizada, quase que como uma espécie de hipnose, nos embalando apenas o suficiente para tornar suportável a ideia de voltar ao trabalho e nos prendendo numa gaiola maior disfarçada de libertação. Essa colonização da nossa consciência é mais uma salvaguarda contra a derrubada de um sistema fundamentalmente injusto. A música popular está, portanto, em sintonia com inúmeros outros mecanismos culturais concebidos para colocar o controle sobre as nossas próprias vidas fora do nosso alcance.

---

[25] Bryan Reesman. "How Birmingham Shaped Black Sabbath and Heavy Metal", Discogs.com (9 de outubro de 2020): https://blog.discogs.com/en/black-sabbath-birmingham-connection-heavy-metal/.

[26] Theodor W. Adorno. *Sobre música popular*. In: Gabriel Cohn (org.). *Coleção Grandes cientistas sociais*. São Paulo: Ática, 1986, pp. 115-146.

... E o ritmo das nossas cidades

Retorno à cidade e às suas recordações de que a nossa vida nunca será plena. Essas lembranças são tão banais e em excesso que quase não damos mais nenhuma atenção a elas. A arquitetura hostil – desde os bancos duros dos ônibus aos espetos pontiagudos e reluzentes das superfícies planas – delineia os limites das possibilidades de um lugar. Nunca conseguimos "aproveitá-los" para além de uma mera olhada quando passamos por eles. No máximo, ficamos ali sentados por um curto período de tempo, nunca deitados e relaxando, tudo dentro das linhas arbitrárias da chamada "legalidade".

As últimas décadas deram origem a um fenômeno que os urbanistas descrevem como "pseudoespaço público". Os parques contemporâneos são cada vez mais policiados para garantir a utilização somente pelo "tipo certo de pessoas". Não é incomum ver pessoas sem-teto sendo despoticamente incomodadas pela polícia ou por alguém da segurança. Grupos considerados "indesejáveis", como manifestantes ou jovens rebeldes, são ostensivamente vigiados em locais que teoricamente são abertos ao uso comum da população.

Depois, há lugares onde simplesmente não podemos ir. Se pensarmos bem, são esses que constituem a grande maioria de qualquer cidade. A paisagem urbana é tomada pela crescente quantidade de arranha-céus. Se algum de nós tentasse entrar pela porta da frente sem a devida autorização ou num momento "inoportuno", provavelmente receberia ordens para que se dirigisse a outro local ou seria acusado de invasão de propriedade. Qualquer contestação à forma como esses espaços podem eventualmente ser utilizados é em vão; até o deslocar mais básico dentro deles é negado. Tais aspectos, para além do aumento do custo da habitação, do declínio dos salários, dos cortes nos serviços públicos e de uma série de outros ataques, revelam muito sobre para quem exatamente a cidade foi construída.

Chamo para a escrita o sociólogo marxista francês Henri Lefebvre. Para ele, o maior perigo já se escondia a céu aberto: a subjugação total da vida cotidiana pela lógica do capital. Uma regulamentação tão hermética que até a própria ideia de alternativa se torna sem sentido, a eliminação de uma chance genuína e espontânea de uma aventura autêntica e criativa. O autor percebeu o fantasma pairando no ar com a ascensão da cultura de consumo e da ordem global na esteira da Segunda Guerra Mundial.

Em *A produção do espaço*, ele examinou como esse fenômeno se manifestou nas cidades pós-guerra. Para Lefebvre, todos os espaços – rurais e urbanos – corriam risco de se tornarem inteiramente intangíveis. Esse "espaço abstrato", embora aparente ser homogêneo, na verdade abrange uma grande variedade de instrumentos arquitetônicos, estéticos, políticos e jurídicos que trabalham em conjunto. Nas palavras de Lefebvre:

> O geométrico e o visual se completam e se opõem, visando diferentemente o mesmo efeito: a redução do "real" por um lado ao "plano", no vazio, sem outra qualidade, por outro ao aplainamento do espelho, da imagem e do puro espetáculo sob o puro olhar congelado.[27]

Em outras palavras, o espaço abstrato é vulgar, previsível e, obviamente, desumano. Ele reflete como a dominação e

---

[27] Trecho retirado da versão em português: Henri Lefebvre. *A produção do espaço*. Trad. Doralice Barros Pereira e Sérgio Martins (do original: La production de l'espace. 4. ed. Paris: Éditions Anthropos, 2000). Primeira versão: 02/2006.

a manutenção de ordem podem ser facilitadas ali. As complicações e fricções, geralmente trazidas à tona por aqueles taxados como inconformados, são ausentes.

Para os poucos privilegiados que podem pagar, a vida se parece muito com Hudson Yards, em Nova York. Trata-se de uma fortaleza reluzente de apartamentos luxuosos, restaurantes e lojas de grife, construídos numa enorme plataforma que flutua sobre os movimentados estaleiros ferroviários da zona oeste. Como o nome da horrenda estrutura arquitetônica já sugere, o Vessel,[28] situado no interior do jardim, é onde os moradores podem se isolar do caótico fluxo e refluxo da cidade de Nova York, protegidos das constantes idas e vindas do capital e tendo a possibilidade de escolher quando entrar ou não nesse ritmo.

O restante da população está muito mais sujeito a esses fluxos e refluxos deliberadamente rejeitados pelos mais ricos. A cidade moderna foi concebida não para ser habitada por nós, mas para ser atravessada por nós, para que possamos estar num determinado lugar a uma determinada hora para trabalhar, socializar ou descansar apropriadamente (e ultimamente por períodos de tempo cada vez mais curtos). Assim, não somos capazes de impedir os fluxos do capital.

Embora as grandes corporações e governos das cidades tentem, o domínio autoritário do espaço nunca consegue ser absoluto. Lefebvre conclui também que mesmo com várias necessidades e desejos competindo por influência, as cidades têm ritmos próprios. A função e o desenho da cidade incentivam ou desencorajam certos tipos de movimento ou usos num determinado momento, dependendo

---

[28] N.d.T.: Nome da escultura arquitetônica que é ponto turístico de Nova York, que, se traduzido para o português, seria "vaso" ou "recipiente".

das necessidades de quem a controla em última instância. Assim, a necessidade de produção de mercadoria, sensível ao tempo e por vezes absolutamente estrita, traduz para a população ritmos das diferentes formas de espaço. Sejam prédios comerciais ou parques públicos, mercados de peixe ou terminais de ônibus, escritórios, escolas, bairros residenciais ou obras em construção, há um ritmo a analisar – uma "ritmanálise", como Lefebvre cunhou: momentos ordinários em que os espaços são ocupados ou não, e de que forma.

Atualmente, nenhum ritmo domina mais a cidade do que o algoritmo. Este último, claro, é sobretudo pensado em relação aos programas web-cêntricos que se tornaram indissociáveis da nossa vida cotidiana – particularmente porque a vida social que poderia constituir o "real", na perspectiva de Lefebvre, é cada vez mais substituída pelas redes sociais. O algoritmo se baseia no seu próprio ritmo, na sua própria sequência de eventos que metaboliza o acaso com muita facilidade. A sobreposição linguística entre estas duas palavras, ritmo e algoritmo, não é uma mera coincidência.

Os fluxos do capital, da mercadoria e, evidentemente, dos nossos meios de subsistência, dependem do algoritmo. O algoritmo acompanha o entregador que percorre as ruas da cidade para garantir que a comida preparada num restaurante chegue ao consumidor na hora "certa". Monitora as pausas para ir ao banheiro e os "tempos ociosos" dos trabalhadores. Dispõe os dados dos nossos hábitos e comportamentos no trabalho, em casa e até mesmo nas ruas, nos convencendo a comprar ou vender algo, punindo ou recompensando o nosso consumo. À medida que o algoritmo fica mais complexo, ele se torna menos uma previsão do que é possível consumir e mais um mecanismo que controla sutilmente o nosso comportamento, regulando o ritmo dos nossos movimentos e das nossas vidas.

Lefebvre chama esse estado agitado na cidade de "arritmia", fazendo um paralelo com a forma como um médico descreve o ritmo cardíaco de uma pessoa doente. Nossas cidades estão doentes porque seus habitantes estão doentes, coercitivamente sobrecarregados com uma ansiedade que não tem fim. A possibilidade de uma cidade enquanto ente rico de potencialidades criativas nos é negada. A nossa subjetividade individual e coletiva é arremessada para bem longe de qualquer momento significativo.

Em *Cidades rebeldes*, David Harvey esboça de maneira habilidosa essa lacuna e como o dilema reflete a ideia de sociedade como um todo:

> O direito à cidade é, portanto, muito mais do que um direito de acesso individual ou grupal aos recursos que a cidade incorpora: é um direito de mudar e reinventar a cidade mais de acordo com nossos mais profundos desejos. Além disso, é um direito mais coletivo do que individual, uma vez que reinventar a cidade depende inevitavelmente do exercício de um poder coletivo sobre o processo de urbanização. A liberdade de fazer e refazer a nós mesmos e a nossas cidades, como pretendo argumentar, é um dos nossos direitos humanos mais preciosos, ainda que um dos mais menosprezados.[29]

Inspirado por Lefebvre, Harvey compara propositalmente o direito a "mudar a nós mesmos" com o direito a "mudar a cidade" para ilustrar como a atual clivagem entre os dois é prejudicial.

---

[29] Trecho retirado da versão em português: David Harvey. *Cidades rebeldes: do direito à cidade à revolução urbana*. Trad. Lucas Torrisi. São Paulo: Martins Fontes, 2014.

À medida que o ambiente urbano se afasta cada vez mais de nós, também nos afastamos cada vez mais de nós mesmos.

Música (e capital) refazendo o espaço

Tendo tudo isso em mente, devemos considerar as disposições espaciais do capital e os seus muitos modos musicais que se complementam mutuamente. Tanto a música como o espaço têm ritmos. Como é que a música interage com o espaço, se é que interage? Mais diretamente, **quem é que ganha** com essa interação?

Uma história que ilustra tal fato vem de um experimento falho do compositor modernista Erik Satie, em 1917. A sua *musique d'ameublement*, ou "música de decoração", era uma série de composições curtas destinadas a serem tocadas como uma espécie de som de fundo, enquanto os ocupantes que estavam ali supostamente faziam outras coisas e tratavam de outros assuntos. O objetivo era tornar o espaço mais agradável e propício a outras atividades. Naquele época, era incomum, se não mesmo completamente inédito, que a música ao vivo fosse ocasional ao espaço e não o seu ponto focal.

A experiência, infelizmente, não ocorreu como se esperava. Satie, que desfrutava de certa fama e notoriedade, não conseguiu ser bem-sucedido. As pessoas compareciam não para conversar e descontrair enquanto sua música tocava ao fundo, mas para ouvir sua música. Satie ficou indignado. Há histórias de que ele criticava os espectadores durante as audições. "Pelo amor de Deus! Se mexam! Não ouçam!", gritava, os deixando indubitavelmente assustados. Afinal de contas, se tratava de um compositor cujas criações musicais e composições até então tinham ofendido e escandalizado a burguesia várias vezes.

Cem anos depois, o uso da música para criar "ambiência", para instaurar uma determinada *vibe* no espaço – quer os seus ocupantes estejam prestando atenção, quer não – é algo comum. Compositores, de John Cage a Brian Eno, assumiram o trono de Satie. Se a música não pode "mudar o mundo" num sentido literal, parece que pode, no entanto, mudar a nossa experiência com o espaço que nos rodeia. O som pode ser utilizado num espaço para se adequar ao nosso estado de espírito ou para racionalizar as nossas intenções. A repentina popularidade no YouTube e no Spotify dos Lo-fi Study Beats exemplifica como esse cenário se tornou intensamente presente.

O uso da música para gerar domínio e obediência, no entanto, não é tão novo assim. Somente seis anos após o experimento malsucedido de Satie, o tenente coronel do exército estadunidense George Owen Squier fundou a empresa Wired, Inc., que desenvolveu uma tecnologia capaz de tocar e reproduzir música nos locais de trabalho de empresas contratantes. Antes da sua morte em 1934, Squier mudou o nome da empresa para Muzak.

A Muzak não detinha quaisquer direitos musicais de outros artistas, assim, para manter os custos baixos, produzia sua própria música, contratando bandas e compositores para gravar músicas autorais. A música era relativamente agradável e inofensiva. Como Joe Veix descreveu, "basicamente, um jazz de *big band* bem tocado."[30] De acordo com os executivos da empresa, as canções foram concebidas para serem ignoradas, uma marca inócua e afável que agia no subconsciente dos ouvintes em vez de captar a sua atenção.

[30] Joe Veix. "Fitter, Happier, More Productive: The Odd History of 'Productivity Music", *Work in Progress blog* (17 de janeiro de 2019).

A intenção, de acordo com a Muzak, era criar espaços comerciais mais acolhedores, tanto para facilitar o momento da compra junto aos consumidores quanto para estimular a produtividade dos trabalhadores. Estudos foram feitos e apontaram que a eficiência dos funcionários cresceu algo em torno de 9% a 38%. Embora a veracidade desses estudos seja questionável, a companhia foi um sucesso. Conforme ela crescia, mais pesquisas e técnicas eram usadas para alterar o estado de espírito dos seus ouvintes. Na década de 1950, a Muzak tinha sua própria orquestra residente e criou um método chamado Progressão de Estímulos, alternando quinze minutos de música com quinze minutos de silêncio. Mais uma vez, os estudos realizados pela companhia haviam mostrado que esses intervalos amenizavam o "cansaço do ouvinte", aumentando a produtividade e a sensação geral de tranquilidade.

Se no passado a Muzak foi considerada uma gigante, hoje seu nome é sinônimo de algo xarope e anódino. A empresa declarou falência em 2009, antes de ser comprada pela sua concorrente Mood Music, que, por sua vez, faliu em 2013. Mas até hoje as empresas continuam interessadas em moldar o nosso estado de espírito através da música. Em 2011, a empresa de consultoria de marcas Heartbeats International – que conta com a Coca-Cola, a Breitling e os Hotéis Waldorf em sua lista de clientes – produziu um guia intitulado *Uncovering a Musical Myth: A Survey on Music's Impact in Public Spaces*.

"Assim como o design de interiores é importante enquanto estratégia de venda", começa o guia, "a música se tornou uma ferramenta de negócios crucial para os proprietários de empresas". Ele continua afirmando, assim como a Muzak fez, que a produtividade dos trabalhadores aumenta de acordo com a música tocada durante o expediente. Baseando-se em pesquisas com diferentes faixas etárias, o livreto afirma que 46% dos entrevistados consideram que a música torna o ambiente de trabalho "mais descontraído". Esse número aumenta para 56% entre os entrevistados de 16 a 24 anos. "Os resultados da pesquisa mostram claramente que a música é um excelente investimento. Ela cria um ambiente de trabalho melhor, faz com que os funcionários se sintam bem e os ajuda a trabalhar com mais produtividade."[31]

Durante a pandemia do coronavírus, essas mesmas ideias encontraram um novo lugar para serem disseminadas: nossas casas. Em abril de 2020, o jornal britânico *The Guardian* trouxe um artigo falando sobre como aumentar a produtividade no trabalho remoto usando música. Dessa vez os argumentos não eram baseados em estudos pseudocientíficos, mas em psicologia de araque. O artigo incentiva os leitores a:

> Começar o seu dia com alguns exercícios de musicoterapia. Um deles é conhecido como princípio de Iso, que terapeutas utilizam para modificar o estado emocional de um paciente. O terapeuta combina música com o estado emocional do paciente e, em seguida, gradualmente ajusta as músicas para alcançar o estado emocional desejado.[32]

E assim, ao final do dia, o ouvinte-trabalhador terá "batido sua meta de produtividade", alcançando a tão esperada realização pessoal e profissional. A pergunta, no entanto,

---

[31] "Uncovering a Musical Myth: A Survey On Music's Impact in Public Spaces", *Heartbeats International* (2011): http://www.soundslikebranding.com/myth/Uncovering_a_musical_myth.pdf.

[32] Cass Balzer. "Music can boost your productivity while working from home – here's how", *Guardian* (15 de abril de 2020): https://www.theguardian.com/us-news/2020/apr/15/music-productivity-working-from-home.

permanece. Quem ganha com isso? Quem colhe os maiores benefícios desses picos de produtividade, do nosso esforço em nos autoiludir acreditando que não estamos realmente trabalhando enquanto trabalhamos?

Para responder tais perguntas, precisamos colocar na mesa pontos como as décadas de estagnação salarial e o constante aumento nos lucros corporativos. Mesmo que o impacto da música no ouvinte-trabalhador seja algo que só os próprios podem dar algum sentido, se isso simplesmente faz com que eles se sintam mais relaxados e produtivos no trabalho, na visão do empregador, a música cumpriu seu papel. Se a música, sob a ótica do capitalismo, pode impor a lógica da exploração no nosso tempo de lazer, então a música no ambiente de trabalho parece caminhar na mesma direção. É preciso estar com a escuta atenta. Adorno certamente se revira no túmulo.

Geografias do controle e sons de um futuro arruinado

Essas são algumas das lições que a cidade autoritária tem nos ensinado. Música e som são usados para manter os ritmos citadinos operando – onde nós podemos estar, quando podemos, e de que forma podemos estar. Dando ambiência à arquitetura hostil, temos música clássica tocada até tarde da noite nas estações de trem londrinas. Uma tática desenhada especialmente para manter a ralé longe. A polícia usa brutalmente os *Long Range Acoustic Devices*[33] para dispersar

---

[33] *Long Range Acoustic Devices* (LRAD) são dispositivos acústicos projetados para transmitir mensagens ou sinais sonoros a longas distâncias. Esses dispositivos geralmente consistem em um conjunto de alto-falantes direcionais que podem orientar o som em uma direção específica, permitindo que ele atinja alvos a distâncias consideráveis. Geralmente usados para emitir avisos e informações em casos de emergência, em alguns casos, os LRAD podem

manifestantes. Nenhum pseudoespaço público é efetivamente pleno sem uma regulamentação rigorosa ou proibição dos artistas de rua. Em todos os casos, a desculpa é sempre a mesma: **aqui não é o seu lugar... Você não pode usá-lo ou reinventá-lo como desejar... Você só pode ficar aqui enquanto for permitido que fique...**

Se a música pode ser usada como um dispositivo que influencia comportamentos e pontos de vista, não há caso mais bem-sucedido que os onipresentes serviços de streaming. Nenhum deles é mais avassalador que o Spotify. A princípio, até parece um acordo justo: se não podemos desvendar materialmente a cidade, então pelo menos podemos viajar e descobrir o universo da música enquanto andamos por ela. Como pesquisas recentemente têm mostrado, o suposto alcance desse tipo de "aventura" no mundo da música pode ser extremamente limitado. O algoritmo sempre tem uma sugestão "pronta" de música que você gostaria de ouvir, a sensação de surpresa ao ouvir algo estilisticamente diferente do que você costuma ouvir é eliminada. Não há, então, nenhum potencial convite a perceber o mundo ao seu redor. Nós viajamos pelo espaço semianestesiados, num fluxo que nunca pode ser rompido, desviado ou surpreendido.

Ocasionalmente nós pegamos nossos smartphones para ver quem é esse "novo" artista. Talvez guardemos o seu nome no fundo da mente para lembrar depois. Mas nos lembramos mesmo? E se o artista soa como o outro que veio antes, vai mesmo importar se nós simplesmente nos esquecermos dele?

Se dependemos dos serviços de streaming para buscar alguma informação biográfica mais completa, ficamos

---

ser usados para fins de controle de multidões devido à sua capacidade de gerar som em níveis elevados em uma direção específica.

frustrados. A maioria não disponibiliza muita coisa. Não há informação sobre quais músicos gravaram aquela canção ou quais engenheiros participaram da gravação. A tangibilidade que envolve descobrir novas canções – fuçar em caixas de discos, passear pelas seções de uma loja de discos, nos aprofundarmos em informações biográficas sobre a vida dos artistas ou ter nossa curiosidade ativada de alguma forma – é esquecida nesse novo jeito de ouvir música. O componente musical da nossa vida social – aquilo que Lefebvre poderia ter chamado de "o real" – é substituído por uma presença cada vez maior das redes sociais monetizadas.

Essa des-historicização está presente no outro lado da mesma moeda, onde os próprios artistas são sutilmente forçados a compor e gravar sem parar. Conseguir um lugar em uma das cobiçadas playlists oficiais do Spotify pode ser uma bênção para o artista, resultando em mais reproduções, mais fãs e, talvez, mais compradores. E com os principais serviços de streaming pagando míseros meio centavo por reprodução, quem é capaz de culpar os artistas por estarem nesse beco sem saída? A tendência natural da indústria da música de querer os sons mais "comercializáveis", fato que, aliás, muitos temiam que fosse acabar com a chegada dos serviços de streaming, na verdade ganha uma nova forma muito mais nociva. Segundo o músico e escritor Ted Mair:

> Quando músicas são *upadas* no Spotify, elas podem ser selecionadas pela plataforma para serem adicionadas nas playlists oficiais. Essa é a grande esperança do artista. Para estarem nessas playlists, as canções precisam, nos primeiros segundos, capturar a atenção daqueles que fazem a curadoria das playlists para a empresa Spotify. Por causa disso, muitos observaram o surgimento de tendências musicais nas

quais as canções são mais curtas e os refrões aparecem aos dez segundos de reprodução. Por exemplo, "Gucci Gang", de Lil Pump, lançada em 2017, tem uma duração de 2:04. O refrão da música começa aos 16 segundos, precedido por uma introdução que funciona como um gancho. Essa é uma forma condensada de música feita para ter mais exposição nos serviços de streaming.[34]

Certos sons são favorecidos, outros são relegados às margens. E ainda que nós possamos sempre pular uma faixa, o algoritmo inevitavelmente nos redireciona na sua direção. Nossa atenção se perde, os desejos são neutralizados tão rápido quanto são criados, e com eles nossa imaginação é reduzida. Assim como bairros e centros urbanos gentrificados apagam a história de um lugar, relegando-nos ao monótono, ao mais do mesmo, os algoritmos dos serviços de streaming criam uma "gentrificação da música", reduzindo possibilidades.

Isso é o que Mark Fisher chama de "o lento cancelamento do futuro". Estamos familiarizados com tal sensação, mesmo que não saibamos como descrevê-la. A sensação de que nada é novo, que algo no passar do tempo, algo no **tempo em si**, foi interrompido, nos deixando à deriva. Segundo Fisher, essa atemporalidade está particularmente presente na música popular:

> Considere o curso do conceito de música "futurista": há muito ele deixou de se referir a qualquer futuro que esperamos ser diferente; tornando-se um estilo estabelecido, muito próximo a uma fonte tipográfica. Convidados a elaborar o

---

[34] Ted Mair. "New Hegemonies: Streaming Platforms and Music Production", *Verso blog* (26 de fevereiro de 2021): https://www.versobooks.com/blogs/5006-new-hegemonies-streaming-platforms-and-music-productio.

> futurismo, ainda criar algo como o som do Kraftwerk, mesmo que agora ele seja tão antiquado quanto o jazz de Glenn Miller soava quando o grupo alemão começou a experimentar com sintetizadores no início dos anos 1970.[35]

Fisher relaciona isso às mudanças sociais que nos precarizaram no sentido material da coisa. A informalização do trabalho, os ataques aos serviços públicos, cortes nos orçamentos de escolas públicas e de artes, o aumento desenfreado nos custos de moradia, a opressão aos sindicatos e movimentos sociais que historicamente deram aos trabalhadores um senso mínimo de futuro compartilhado, os mesmos processos que transformaram a cidade em uma paisagem estranha; todos contribuíram para uma crise na coesão social. O velho ditado de Margaret Thatcher, "não existe essa coisa de sociedade", infelizmente perdura. No lugar da sociedade existe uma multidão solitária, ansiosa e vulnerável vagando pelo espaço. O mundo ao nosso redor e seu potencial futuro estão além do nosso controle. Ele nos é imutável. Tentar (re)criá-los é inútil.

À medida que a cidade flui no ritmo das mercadorias, a playlist do serviço de streaming, modelada de acordo com nossa existência e conectada diretamente aos nossos ouvidos, possibilita a continuidade desse ritmo sem interrupções. Com a fronteira entre trabalho e lazer cada vez mais dissolvida, esses ritmos habitam o nosso próprio lar.

O capital, agora enraizado em simplesmente todos os cantos do planeta, se volta para dentro. Ele busca novas formas de nos privar, procura maneiras inovadoras de nos desapropriar. Nosso esforço querendo escapar da dor e tristeza

---

[35] Mark Fisher. *Fantasmas da minha vida: escritos sobre depressão, assombrologia e futuros perdidos.* São Paulo: Autonomia Literária, 2022, p. 27.

ao nosso redor assegura a sua sobrevivência. É tudo às nossas custas. A satisfação – ou, no mínimo, a resignação – com a nossa exploração e desintegração se espalha por todos os lados. A música torna-se um complemento ao controle espacial, ilustrando o que Fredric Jameson descreve em sua análise sobre a arquitetura do capitalismo tardio (e em uma engenhosa inversão de Marx) como "a dominação do espaço sobre o tempo."[36]

Um presente imutável e inescapável paira permanentemente sobre nossas cabeças. É desolador? Sem dúvida. Mas isso não é toda a história. Como todo castelo imponente e aparentemente indestrutível, ele também tem suas rachaduras. É dentro delas que encontramos o ponto de partida de uma nova dialética do tempo e do espaço. É ali onde a rebelião musical nasce.

---

[36] Fredric Jameson. *Pós-modernismo: a lógica cultural do capitalismo tardio*. São Paulo: Ática, 1997, pp. 27-79.

RITMOS SOBREVIVENTES

As pessoas enterram as partes da história que não as interessam, as pavimentam como cemitérios africanos bem debaixo dos arranha-céus de Manhattan.

Alyssa Cole, *Quando ninguém está olhando*

They said it's not enough
Just to shoot us down
It's a sound that's systematized
Yeah, it's a noise just to drown us out.

Algiers, "Irony. Utility. Pretext."[37]

Música como uma ameaça

Em 23 de novembro de 2012, Jordan Davis, um jovem afro-americano de 17 anos, foi baleado e morto no estacionamento de um posto de gasolina de Jacksonville, Flórida. O homem que o matou, Michael Dunn, havia estacionado seu carro perto de uma SUV onde Davis e seus amigos estavam sentados. No som do veículo dos jovens tocava a música "Beef", de Lil Reese, em parceria com Lil Durk e Fredo Santana. Dunn, um homem branco de 45 anos e desenvolvedor de software, estava com sua noiva no banco ao lado e teria reclamado com ela sobre "essa porcaria de rap", embora posteriormente ela tenha

---

[37] Tradução: "Disseram que não basta / Só para nos abater / É um som sistematizado / Sim, é um barulho só para nos abafar" – Algiers, "Ironia. Utilidade. Pretexto."

afirmado que ele chamou de "música de bandido". Após uma discussão em torno do volume da música, Dunn voltou ao seu carro, pegou uma pistola no porta-luvas e disparou dez tiros contra a SUV, levando Davis à morte.

Jordan Davis não foi morto por causa da "música alta". Ele foi morto porque Dunn foi (e ainda é) declaradamente racista. Dunn estava disposto a recorrer à violência para manter a dominância sobre o espaço público, que ele, enquanto um homem branco, achou que lhe era devido. Semelhanças podem ser traçadas com o assassinato de Trayvon Martin – que aconteceu na Flórida poucos meses antes. As leis retrógradas de *Stand Your Ground*[38] do estado, que permitem o uso da força letal se um cidadão "se sentir ameaçado" em espaços públicos, foram alvo de críticas sob o argumento, legítimo, diga-se de passagem, de que a lei dava carta branca para os racistas recorrerem à violência sempre e a qualquer momento que achassem válido.

O papel que a música desempenhava era secundário, mas ainda assim presciente. Dunn morava em Satellite Beach, uma pequena cidade costeira a duas horas ao sul de Jacksonville, de população 95% branca e cujo rendimento médio das famílias é quase o dobro da média nacional. Nesses locais, é particularmente naturalizada a retórica racista sobre

---

[38] N.d.T: *Stand Your Ground Laws* são leis que existem em diferentes estados americanos, incluindo a Flórida, que traduzidas para o português significam "Mantenha sua posição". As leis são relativamente novas, antes da primeira lei Stand Your Ground ter sido aprovada na Flórida em 2005, era da responsabilidade de um indivíduo tentar se retirar de um confronto antes de responder com meios letais, como uma arma de fogo. No entanto, na sequência de uma forte influência liderada pela National Rifle Association (NRA), a lei Stand Your Ground da Flórida foi aprovada e permite agora que uma pessoa utilize armas de fogo como solução, mesmo que isso signifique disparar e matar alguém em público.

os perigos da "selva urbana". Uma parte da psique de Dunn – uma grande parte, essa é a verdade – inventou fantasiosamente que as batidas do som de um automotivo eram perigos "reais". Em uma postagem publicada em um blog durante seu julgamento, Dunn admitiu:

> Gostaria de propor que, em vez de se revoltarem contra as leis "Stand Your Ground", as pessoas olhassem para a violência e o estilo de vida que a música "Gangsta Rap" e a "vida de bandido" induzem. As cadeias estão abarrotadas de jovens negros – e os cemitérios também. As leis sobre as armas não têm nada a ver com isso. As subculturas violentas com as quais tantos jovens se encantam que estão destruindo uma geração inteira.[39]

A ideia de que Dunn entendia alguma coisa de rap ou hip-hop é, de forma incontestável, ridícula, e é provavelmente por isso que o seu argumento não funcionou nos tribunais. Em 2014, após dois julgamentos, ele foi condenado por homicídio em primeiro grau e sentenciado à prisão perpétua sem possibilidade de liberdade condicional.

Menos de dois anos depois, no dia 5 de julho de 2016, dois agentes da polícia abordaram Alton Sterling, de 37 anos, no pátio da loja de conveniência Triple S Food Mart em Baton Rouge, Louisiana. Mais tarde, os agentes afirmaram que estavam no local para atender a uma chamada do empregado da loja sobre alguém que estava "causando problemas" no estacionamento. Em declarações à mídia, o empregado

[39] Essa citação é de um blog já extinto, originalmente escrito por Dunn, recuperado em "On White Thugs Like Michael Dunn and the Scapegoating of Hip-Hop", de Alexander Billet, *Red Wedge*, (15 de fevereiro de 2014): http://www.redwedgemagazine.com/atonal-notes/on-white-thugs-like--michaeldunn-and-the-scapegoating-of-hip-hop.

esclareceu que Sterling não era a pessoa sobre quem tinha telefonado para a polícia. Pelo contrário, Sterling era conhecido e adorado na região. Os mais próximos o chamavam de "O Homem CD". Na noite em que a polícia o matou a tiros, ele estava na barraquinha improvisada de CDs piratas, onde sempre trabalhou.

A dependência de Sterling da economia informal – e por vezes até mesmo ilegal – é consequência daquilo que o sociólogo Loïc Wacquant chama de "hiperencarceramento" das populações precarizadas nos Estados Unidos e das desigualdades raciais que daí resultam. A população de Baton Rouge é mais de 50% negra, a sua taxa de pobreza é superior a 26%, o dobro da média nacional. Assim como muitos outros homens negros nos Estados Unidos – que há muito tempo compõem a maior população prisional do mundo – Alton Sterling tinha cumprido pena. Já em liberdade, a sua ficha criminal o impediu de encontrar um emprego "formal" e remunerado. Isso diz mais sobre a forma como o estado carcerário continua balizando nossas vidas, principalmente a vida das comunidades negras e pobres, do que sobre a persona individual de Sterling ou das pessoas com quem ele convivia. A venda de CDs piratas era certamente uma das poucas opções que ele tinha disponível para pagar suas contas. Sterling conhecia bem seus fiéis clientes e os gostos musicais de cada um, se não tivesse um álbum que alguém estivesse à procura, daria um jeito de ter o produto disponível da próxima vez que se topassem.

No dia seguinte à sua trágica morte, amigos, clientes e outras pessoas da comunidade fizeram uma vigília em frente à Triple S. A mesa branca dobrável que ele usava para exibir os CDs ainda estava em frente à loja servindo de memorial. Nos dias seguintes, os protestos contra o Departamento de

Polícia de Baton Rouge aumentaram, e mais de cem pessoas foram presas. Em março de 2018, depois de uma investigação exaustiva, o procurador-geral da Louisiana anunciou que não iria apresentar queixa contra os dois polícias que alvejaram e mataram Sterling.

Os assassinatos de Alton Sterling e Jordan Davis apontam para uma lógica mais profunda quando se trata de confrontar a arritmia espacial dentro do contexto do capitalismo racial. Ambos os homicídios põem em evidência como ocorre a interação entre três pontos. Primeiro, a forma como as populações oprimidas e/ou exploradas são desencorajadas ou proibidas de ocupar determinados espaços. Segundo, a forma como tipos específicos de ocupação cultural do espaço – incluindo através da música – são vistos como uma ameaça a esses espaços. E terceiro, as consequências resultantes da suposta "perturbação" que essas expressões musicais e culturais causam ao ritmo e fluxo do espaço urbano autoritário.

Arritmia e anacronismo

Existir em um ambiente autoritário é conviver com uma desigualdade complexa. Regiões ricas estabelecidas bem ao lado de regiões subdesenvolvidas – não apenas apesar de, mas uma devido à outra. Arranha-céus erguidos sobre as favelas. Condomínios fechados a poucos passos das quebradas. Ruas repletas de lojas de grife e na calçada do lado de fora os moradores de rua sendo continuamente expulsos dali.

Tudo isso indica, de maneira direta e inequívoca, que a segregação é real, presente e persistente. No contexto estadunidense, a palavra segregação pode significar já na sua origem uma estrutura de separação estritamente racial – uma estrutura que inclusive os livros de história nos ensinam que foi abolida após os anos de lutas do Movimento pelos Direitos Civis. Tal narrativa aparece de maneira muito semelhante em outros países com antecedentes de racismo histórico e geográfico – isso para não dizer todos os países. Segregação, *apartheid etc.*, eles disseram, tudo isso já passou, tudo isso já está no espelho retrovisor da "civilização".

Enquanto condição espacial e real, no entanto, a segregação está bem longe de ser uma coisa do passado. Enquanto algumas escolas se tornam menos desiguais, cláusulas racistas em contratos de habitação popular são anuladas e programas de ação afirmativa são implementados, ainda lidamos com a compulsória negação a uma habitação acessível, com o subfinanciamento de escolas públicas e o abarrotamento de mais e mais pessoas nas áreas historicamente mais pobres.

Fato é que a prática de segregação está **mais viva do que nunca** nos dias atuais. Ela está tão enraizada que é parte fundamental do presente "boom" da "renovação urbana", amplificando discursos sobre gentrificação e progresso. Não é exagero nenhum afirmar que a busca pela "renovação" só se concretize mediante o apagamento daqueles que são indesejáveis, no despejo de pessoas de baixa renda (especialmente pessoas não brancas) e da pulverização dos bairros de classe trabalhadora.

Assim, espaços onde essas pessoas podem se expressar e se reinventar livremente são raros. A oferta de opções de lazer acessíveis e gratuitas diminui à medida que bibliotecas, centros comunitários e espaços de arte independente fecham suas portas. Além disso, na categoria trabalho, mesmo que tenhamos empregos bem remunerados, digamos assim, nenhum de nós tem a verdadeira liberdade de escolher onde concentrar nossa força criativa.

Tudo isso constitui uma parte inseparável da arritmia urbana de Lefebvre. Se a pulsão que busca extrair trabalho e lucro de cada centímetro quadrado do espaço público é constante, então ele não pode – e pela sua natureza, não consegue – resolver os problemas humanos. A comodificação costuma sabotar suas próprias aspirações no que diz respeito à eficiência.

Sim, sem espaços de lazer os trabalhadores podem até dedicar mais tempo ao trabalho, mas a falta de moradia acessível os força a viver cada vez mais distante do lugar onde trabalham. Os ataques ao transporte público de qualidade – aumento nas tarifas, cortes em certos serviços e privatização – não contribuem para melhorar a situação. E não precisamos mencionar o que a cidade-commodity faz com aqueles que não conseguem achar um emprego.

Uma cidade verdadeiramente democrática seria flexível, capaz de suprir com tranquilidade de espírito as necessidades e desejos de sua população. A única ferramenta disponível no arsenal da cidade autoritária é a punição. Seja ela legal ou econômica, o resultado é sempre o mesmo: restrições cada vez mais rigorosas sobre onde e quando os pobres, os excluídos e os racializados podem existir.

À medida que o espaço se converte cada vez mais em mercadoria e suas dinâmicas se tornam mais erráticas, cresce a necessidade de intensificar o policiamento. Isso resulta em mais dinheiro dedicado à polícia, à arquitetura hostil, à reprodução de música clássica nas estações de trem e ao treinamento policial para identificar potenciais causadores de problemas (categoria que, quase sempre, carrega conotações raciais).

Eis a natureza da segregação. Não se trata apenas de uma prisão espacial, ela é vivida temporalmente, no presente, no agora. A vida do segregado é materialmente precária. Faltam coisas. Aqueles que são "deixados para trás" são os que tiveram todo tipo de acesso negado. Isso num momento em que a história teoricamente tem todas as condições de prover tais coisas.

Exemplos não faltam. Pensemos no bairro Skid Row, uma espécie de acampamento urbano que se estabeleceu nas calçadas de uma área com pouco mais de meio quilômetro quadrado no centro de Los Angeles. Estima-se que cerca de 8 mil pessoas sem-teto vivam ali, sendo que aproximadamente 85% delas são afro-americanas ou hispânicas. Nas décadas de 1970 e 1980, as autoridades da cidade se referiam abertamente ao Skid Row como uma "zona de confinamento". Leis que proibiam dormir nas ruas eram rigorosamente impostas em outros locais da cidade, forçando, na prática, essas pessoas a se confinarem lá, uma área onde o turismo era, por exemplo, pouco provável. Nas décadas mais recentes, vimos o ressurgimento desse tipo de regulamentação.[40]

Consideremos também o caso do condomínio habitacional Grenfell Tower, em Londres. É fato que, com a construção em larga escala de conjuntos habitacionais populares após a Segunda Guerra Mundial em toda a Grã-Bretanha, até os dias de hoje você pode encontrar esses conjuntos em áreas relativamente prósperas. A Grenfell Tower estava localizada no bairro de Kensington e Chelsea, uma das áreas mais ricas de Londres. No entanto, mesmo aqui – ou talvez, especialmente aqui – os moradores de baixa renda, muitos deles de origem não branca, eram forçados a viver em condições cada vez mais precárias, com suas necessidades por vezes completamente negligenciadas. Para a reforma do edifício, foram utilizados materiais de construção de má qualidade,

---

[40] Daniel Flaming and Gary Blasi. "Los Angeles: Why tens of thousands of people sleep rough", *BBC* (19 de setembro de 2019).

os equipamentos de segurança não estavam em conformidade com as normas, e as preocupações dos moradores foram ignoradas durante anos. O resultado de tamanha omissão foi um grande incêndio, ocorrido em junho de 2017, que ceifou a vida de mais de setenta pessoas.

Existem muitas formas de descrever essas condições sociais: injustas, criminosas, imperdoáveis. O então líder da oposição britânica John McDonnell, por exemplo, chegou a chamá-las de "assassinato social". No entanto, ainda considerando a correlação entre espaço e tempo, um conceito particularmente útil é o de **anacronismo**. Podemos afirmar que aqueles sujeitos a tais desigualdades e privações sistemáticas, forçados a lutar a partir das margens da sociedade, "anacronizados". São vidas que acontecem literalmente fora da pegada rítmica da modernidade contemporânea. Cada estrutura e instituição alinhada às necessidades do capital – desde a falta de melhores empregos até as placas de "proibido som automotivo aqui" – contribui para essa desconexão com o tempo.

Sessenta anos atrás os situacionistas, nos seus constantes esforços e discussões sobre novas formas de usar o espaço público, voltaram a debater tais concepções. Em *Salvaging Situationism: Race and Space*, Andrea Gibbons narra a tentativa de Abdelhafid Khatib, um membro argelino da Internacional Situacionista, de mapear e analisar o fluxo das ruas de Paris em 1958.

Essa foi uma das primeiras pesquisas em "psicogeografia", uma série de experimentos práticos e poéticos que quiseram entender como o espaço urbano foi desenhado para alienar e retirar autonomia. O objetivo era reimaginar a cidade como um lugar de emancipação radical.[41]

---

[41] Andrea Gibbbons. "Salvaging Race and Space", *Savage* (novembro de 2015).

O problema com que Khatib e seus coconspiradores se depararam foi um toque de recolher, especialmente dirigido aos árabes, declarado na cidade. Na época, o povo argelino estava lutando por independência contra o colonialismo francês. Os argelinos residentes na França estavam protestando em apoio aos compatriotas no país natal. O toque de recolher nitidamente racista foi uma tentativa de reprimir os protestos. Khatib foi preso duas vezes sem justificativa, enquanto estava somente à deriva[42] pela cidade, sendo obrigado a passar a noite na prisão em ambos os momentos. Para a polícia francesa, um homem árabe caminhando livremente pela cidade – e principalmente contemplando e reimaginando-a – era, mais uma vez, uma ameaça.

Não é preciso muito esforço para encontrar exemplos atuais disso. Frequentemente, policiais, donos de estabelecimentos e *faria-limers*[43] se sentem à vontade para dizer às pessoas não brancas como elas devem usar um parque, as acusam de fazer muito barulho em museus ou questionam seu direito de simplesmente se sentar em um café. A dominação do espaço e tempo, como acontece com a maioria das

---

[42] O significado situacionista do termo *dérive* é o de "deriva urbana", que significa deixar que o acaso e o instinto guiem livremente o indivíduo através do espaço, sem aceitar as regras de deslocamento impostas pelos arquitetos e governantes da cidade.

[43] N.d.T.: O autor utiliza o termo em inglês *entitled neo-yuppies*, que corresponde a uma parte da jovem classe média alta americana que é exclusivamente interessada em dinheiro, negócios e gadgets tecnológicos. Assumimos o uso de "faria-limers" em referência ao termo que foi difundido nos últimos anos para representar pessoas que trabalham ou frequentam a Avenida Faria Lima, que é um centro financeiro e empresarial na capital paulista, abrigando diversas empresas, escritórios, instituições financeiras e sedes corporativas. Ou seja, há uma crítica que pode ser feita em relação a esse perfil neoliberal e entendemos que esse mesmo arquétipo dos EUA pode ser estabelecido no Brasil.

coisas no capitalismo, ainda é extremamente racializada. Comparar esses casos com o de Khatib é esclarecedor, pois nos traz de volta o ímpeto de recriar e remodelar o ambiente urbano, de modo a atender melhor as necessidades daqueles que tiveram sua plena participação negada nesse espaço. Também evidencia que não podemos conduzir uma psicogeografia adequada ou investigar a história de um espaço e sua interação com nosso estado psicológico sem confrontar as histórias e a efetivação do racismo e da segregação. É por meio dessa perspectiva que podemos analisar de forma mais precisa as realidades rítmicas da cidade.

Atualmente, essa possibilidade de controle é tão intensa que restringe nossos deslocamentos quase que exclusivamente à esfera doméstica. Como escreve Cynthia Cruz em *The Melancholia of Class*:

> Quando tudo o que sobra das cidades são centros comerciais envidraçados, bancos corporativos e redes de farmácias, não resta outro lugar para nos abrigarmos a não ser dentro do nosso espaço de moradia – se, claro, tivermos a sorte de ter um. Estes são locais de sobrevivência para a classe trabalhadora, porque permitem que haja pequenos momentos nos quais se pode escapar da imposição incessante do trabalho e das preocupações relacionadas a uma vida de precariedade.[44]

Há algumas falhas nesse argumento. Como já mencionamos anteriormente, o racismo e o colonialismo certamente amplificam os modos de isolamento. Vale a pena ressaltar também que, para muitas pessoas da classe trabalhadora, todas as

---

[44] Cynthia Cruz. *The Melancholia of Class: A Manifesto for the Working Class*. London: Repeater, 2021, p.180.

camadas de estresse do mundo exterior podem transformar as suas casas, de abrigos seguros, em lugares de abuso infernal.

No entanto, a observação é também perspicaz. Uma vida às margens pode fazer com que a casa seja o único espaço no qual esses grupos oprimidos tenham força suficiente para fazer florescer a sua imaginação e capacidade de sobrevivência. Isso não significa necessariamente que a força dessa resistência criativa seja enfraquecida. Pelo contrário, em muitos casos ela se torna ainda mais incendiária.

Jean-Paul Sartre, no seu livro *O imaginário*, de 1940, tenta esboçar a relação entre a imaginação e a existência humana. Nessa obra, precursora do seu livro definitivo *O ser e o nada*, Sartre assegura que a consciência humana é intencional, argumentando que uma vida vivida segundo as regras impostas pela classe social, raça, gênero etc. é essencialmente uma vida vivida de forma desonesta. Evidentemente não se trata aqui de culpar aqueles que estão presos nessa condição existencial; as ideologias e a realidade que envolvem quem vive na pobreza são vis e traiçoeiras. O que quero dizer é que existe um imperativo na consciência humana para a liberdade, que, mesmo no seu estado mais vulnerável, nos impele a seguir em frente.

Aqui nasce a imaginação. Em *O imaginário*, Sartre argumenta que nos apoiamos nela de forma intrínseca. Imaginar um objeto é entendê-lo como "irreal", repleto de qualidades que lhe atribuímos previamente, com base num conhecimento passado. Quando enxergamos uma cadeira na nossa frente, só conseguimos ver um lado, uma dimensão de cada vez. O fato de ela estar de pé, parada, nos leva então a imaginar os ângulos, os detalhes e as sutilezas que não conseguimos ver, e dessa forma criamos uma imagem que preenche uma lacuna da nossa percepção.

Navegar no mundo requer conhecimento, destreza para articular as experiências vividas e a capacidade de antecipar tudo aquilo que poderia ser. Para experimentar o real, nós temos que passar pelo irreal. Esse é um processo vivido intencionalmente por todos os artistas, incluindo músicos e compositores, e que depende de imperfeições e improvisações dos próprios artistas. Uma composição original é feita mais de lacunas do que de certezas, deixando que o desconhecido e a experimentação guiem o instinto e a inspiração do criador.

Imagine, então, os compositores da classe operária. Continuamente isolados em espaços cada vez menores, nos intervalos da imparável vida urbana, rodeados de paisagens que repetem mantras como "não ultrapasse", "proibido seguir". Eles veem e ouvem o mundo tal como ele é, cru, em contraste com o que desejam que seja. É aqui, com a ajuda de qualquer instrumento musical ou programa de gravação que tenham acesso, que o processo musical ganha o mundo.

Notas indisciplinadas

Ajustando o foco: da esquina da rua para as fronteiras internacionais. A sede por lucro e acumulação sempre necessitou subdesenvolver regiões, países e até mesmo continentes inteiros. Podemos citar, por exemplo: a subjugação da África[45] e da América Latina[46] pelo colonialismo europeu ou a privação sistemática de recursos à América Negra[47] pelo capitalismo.

[45] Ver Walter Rodney. *Como a Europa subdesenvolveu a África*. Trad: Heci Regina Candiani. São Paulo: Boitempo, [1972]2022.

[46] Ver Eduardo Galeano. *As veias abertas da América Latina*. Trad.: Sergio Faraco. Porto Alegre: LP&M, [1973]2010.

[47] Ver Manning Marable. *How Capitalism Underdeveloped Black America: Problems in Race, Political Economy, and Society*. Boston: South End Press, [1983]2015.

A economia globalizada – que, ao contrário dos rumores de seu declínio, permanece tão forte quanto antes, embora com inflexões mais nacionalistas – e os limites de cada região vão, eventualmente e inevitavelmente, se colidir e se misturar.

A contradição cultural, frustrante e ao mesmo tempo fascinante, gerada por isso, reside no fato de que todo gênero musical é ao mesmo tempo altamente específico de seu período e local de origem; e totalmente indiferente a essas circunstâncias. É inconcebível imaginar o som e o ritmo do reggae nascendo na Itália da década de 1940. O gênero é intimamente ligado às agitações políticas que sucederam o fim do colonialismo na Jamaica nas décadas de 1960 e 1970. As músicas desse tempo e lugar **soam** como se tivessem sido criadas exatamente para esse tempo e lugar.

Contudo, mesmo esse gênero musical tão singular é também fruto de um cruzamento cultural. O reggae tem origem em dois outros gêneros também jamaicanos: o ska e o rocksteady. Estes, por sua vez, foram fortemente influenciados pelo jazz e R&B, ambos afro-americanos, e por calypso e mento, ambos ritmos caribenhos. O que o reggae trouxe, dentre outros elementos, foi uma batida mais lenta e mais intensa oriunda da percussão rastafári. De certa forma, o reggae é tanto música do Atlântico Negro quanto da Jamaica, um híbrido de diferentes gêneros musicais que surgiram da escravidão e da violência, partindo de um local e de um tempo específicos para se tornar maior do que a soma das partes que o fizeram.

É exatamente esse mesmo fenômeno que deu origem a praticamente todo e qualquer gênero musical popular da modernidade, do jazz ao blues, do rock and roll ao disco, do hip-hop ao punk, do afrobeat ao k-pop. O falecido jazzista e comunista Fred Ho chamava esse processo de "crioulização".[48,49] Ele a descreve como "a mistura livre e voluntária, o alargamento cultural e a polinização extensa que ocorrem nas camadas mais marginalizadas da sociedade, entre diferentes grupos oprimidos."[50] Ho leva essa ideia ainda mais adiante ao pontuar que "a crioulização está intrinsecamente ligada à resistência e à opressão em um contexto sociopolítico."[51]

Como isso é possível? Numa paisagem cultural onde cada ritmo, cada arranjo tende a ser instrumentalizado, como alguém pode compor e combinar elementos que desafiam essa ordem? Obviamente, Fred Ho traz seu argumento, de ordem sonora e criativa, inclusive, de que "mesmo que esses músicos estejam meramente 'criando' essas experiências sonoras, elas certamente são influenciadas pelas condições econômicas, sociais e políticas."[52]

Sintetizar essas condições em características essencialistas ao longo do tempo e do espaço, em certa medida, pode ser improdutivo. No entanto, o ensaio de Ho mergulha profundamente em vários gêneros musicais, com foco principal

---

[48] O próprio Fred Ho, muito provavelmente, contestaria ser categorizado como um "músico de jazz". No mesmo ensaio citado aqui, ele rejeita essa classificação como uma simplificação eurocêntrica da música negra. Sem aprofundar nos detalhes dessa argumentação, o termo "jazz" é empregado aqui por questões de conveniência.

[49] N.d.T.: O conceito crioulização é trabalhado e difundido de várias formas por diferentes autores, especialmente ao longo do século XX. Robert Slenes, Édouard Glissant e Patrick Chamoiseau são alguns dos nomes amplamente conhecidos.

[50] Fred Wei-han Ho. "Jazz, 'Kreolization and Revolutionary Music For the 21st Century'. In: *Sounding Off: Music as Subversion/Resistance/Revolution*. Sakolsky; Fred Wei-han Ho (ed.). Nova York: Autonomedia, 1995, p.134.

[51] Ibid.

[52] Ibid.

na música negra no contexto estadunidense, como o blues, o jazz e o swing.[53] Em cada caso, ele examina minuciosamente como determinados aspectos distintivos de cada gênero foram selecionados e calcificados pela indústria cultural, os imobilizando no tempo e fazendo com que se tornassem limitados por definição, trazendo pouca ou nenhuma consideração pelos artistas e suas histórias. O medo de que um gênero pudesse ser difícil de ser comercializado, vendido e "colocado em caixas" levou à necessidade de delinear e fixar as convenções estéticas de forma rígida e inalterável.

Essa reificação é essencial no processo de mercantilização. Novas normas são impostas à medida que a divisão do trabalho se aprofunda e à medida que cada prática da vida cotidiana é mais regulamentada. As noções de gosto musical, de aceitabilidade, do que é "bom" ou "ruim", têm muito a ver com isso. Aquilo que não pode ser padronizado, quantificado, integrado numa aritmética mecânica e arbitrária é considerado inferior. Um caso notadamente descarado diz respeito aos primeiros anos da música popular, em particular do jazz. Como escreve Gerhard Kubik em *Jazz Transatlantic*:

> Em Nova Orleans, no início do século XX, a palavra "música" tinha um campo semântico muito mais restrito do que tem nos dias de hoje. Referia-se explicitamente às notações musicais. Composições escritas, ou seja, aquelas que estavam nas partituras, eram muito valorizadas, pois era música enquanto tal e um músico era alguém que tinha aprendido a ler e a tocar com elas. Todo o resto era "falso", incluindo os improvisos de Buddy Bolden na sua corneta.[54]

---

[53] N.d.T.: Swing é tanto uma divisão rítmica do jazz quanto um estilo de performance.

[54] Gerhard Kubik. *Jazz Transatlantic, Volume I: The African Undercurrent*

A necessidade de quantificar e padronizar, de tornar previsível e, sim, de racializar essencialmente segregou diferentes gêneros sofisticados e aprazíveis entre "música" e "ruído". À medida que estilos como o ragtime se tornaram mais populares, as pressões para padronizá-los também se tornaram evidentes. Os produtores de música na época, ou seja, aqueles que escreviam as partituras, definiam as canções de ragtime como *coon music*[55] ou *Ethiopian two-step*.

Até mesmo o termo *ragtime*, traduzido literalmente como algo tipo "tempo esfarrapado", carregava consigo uma conotação negativa. Os ritmos então imprevisíveis das canções de *ragtime* soavam, para muitos ouvidos ocidentais, como "esfarrapados", irregulares e inacabados. As "imperfeições" da música – as suas improvisações, os momentos em que a batida da canção parece desequilibrada, os diferentes ritmos que se sobrepõem de uma forma desconhecida para os ouvidos ocidentais – eram, evidentemente, parte do seu encanto. Ainda assim, eles precisavam ser comedidos. Os polirritmos e as batidas entrelaçadas das canções de *ragtime* eram muitas vezes descritos nos jornais e revistas como composições "fora de tempo". Dessa forma, alguns dos mais conhecidos *ragtime* antigos – "Maple Leaf Rag", de Scott Joplin, por exemplo – foram entendidos de uma forma diferente da sua natureza original. No fim das

---

in Twentieth-Century Jazz Culture. Jackson: University Press of Mississippi, 2017, p.176.

[55] A expressão *coon* foi historicamente usada como uma gíria pejorativa para se referir a pessoas afro-americanas nos Estados Unidos mais ou menos entre 1880 e 1920. É considerada ofensiva e desrespeitosa, evidenciando o racismo desumanizador que deu origem às Américas na era moderna. *Coon music* se refere então a uma forma específica de música tradicional popular que fazia intenso uso de estereótipos contra as populações negras.

contas, as partituras eram incapazes de captar as características mais profundas, intrínsecas e orgânicas do gênero.[56]

Um processo semelhante de reificação pode ser encontrado na história da famosa "blue note". Hoje em dia, é um aspecto absolutamente essencial da música popular, raramente estranhamos uma canção quando o cantor treme a voz ou quando um guitarrista faz um *bend*[57] nas cordas durante um solo. A mera existência desse tipo de técnica sonora supostamente "falha", pelo menos durante algum tempo, desorientou teóricos e críticos de música. Afinal, mais uma vez, as "imperfeições" da nota – a sua ambiguidade, a sua capacidade de se confundir e existir nos intervalos de uma "boa" canção – estavam em jogo. Reiteradamente aquilo que não podia ser compreendido ou quantificado era descartado como ruído.

O que era a *blue note*?[58] Uma nota que não podia ser ouvida nem em tom, nem em semitom, as unidades de construção mais básicas da música ocidental. Embora os sistemas de notação contemporâneos tenham descoberto formas de atribuir algum significado à *blue note*, ainda não conseguem captar o processo de movimento dentro e entre esse tipo de expressão musical. A sua instabilidade, a insaciabilidade, a tristeza ou a malandragem, o seu campo sonoro somático e a entrega emocional causam desconforto nos mais "certinhos".

---

[56] Ibid.

[57] A técnica chamada de *bend* diz respeito ao momento em que o guitarrista pressiona a corda da guitarra balançando-a para cima e para baixo, criando um som modulado, dobrado e alternante.

[58] N.d.T.: O termo *blue note*, que poderíamos traduzir como "nota azul", deriva do blues, gênero no qual essas notas dão a sonoridade particular que faz o blues soar como blues.

Tanto o polirritmo do ragtime como a *blue note* são apenas dois exemplos de sons criuolizados que assumiram enormes implicações sociopolíticas. Ambos são invenções musicais inexplicáveis, batidas e notas que se recusaram a serem domesticadas, a se comportar da forma que a dominação social lhes exigia. Nos termos de Sartre, elas correspondem à vontade do artista em preencher a lacuna entre o conhecido e o desconhecido, a sede por um lugar sem padronizações ou planos.

Os gêneros que incorporavam tais elementos musicais – particularmente a *blue note* – eram vilipendiados. Os pastores chamavam o blues de "música do diabo". Membros do Congresso dos EUA denunciaram o jazz como um estilo amoral, que fazia apologia ao uso de drogas e à miscigenação.[59] As estações de rádio se recusavam a tocar canções rock and roll por pânico da delinquência juvenil.

Grooves renegados

Os processos descritos tanto por Ho como por Kubik são dois modos diferentes de síntese cultural (ambos frequentemente perdidos nos debates intermináveis e imprecisos em torno do assunto da "apropriação cultural"). Poderíamos chamar o primeiro de "síntese cultural vinda de baixo", conduzida pelos grupos marginalizados e sem poderes num sistema de exploração que empurra pessoas de diferentes origens para o mesmo espaço. Ho, no seu ensaio, é incisivo ao declarar que a criuolização é algo que acontece **somente** de baixo para cima. Para ele, a síntese que ocorre "de cima" é

[59] N.d.T.: O autor faz referência ao fato de que o ato de miscigenar era uma "ofensa" às populações brancas dos Estados Unidos, e por isso deveria ser evitado a todo custo. No Brasil, a miscigenação aparece com outra conotação, e diz respeito principalmente ao projeto político das elites coloniais que queriam embranquecer a população local.

necessariamente um apagamento, uma forma de imperialismo cultural. O relato de Kubik sobre forçar o ragtime a um sistema de notação facilmente compreendido pelo público branco e ocidental é um bom exemplo disso.

No entanto, algumas dúvidas permanecem. O que é que faz com que essa última – síntese cultural "de cima" – seja intrínseca ao método cultural do capitalismo? Por que a verdadeira crioulização, a síntese a partir de baixo, é vista com tanto temor e suspeita?

O que está fundamentalmente em debate aqui é uma questão de **significado.** Termos pós-modernos e descomprometidos como "pastiche" incutiram em nós a ideia de que dois gestos ou objetos opostos colocados juntos são apenas isso. Na melhor das hipóteses, eles não passam de uma espécie de devaneio lúdico.

Trata-se de uma abordagem preguiçosa e des-historicizada. Como explicar, se for esse o caso, os sons e gestos monádicos e os estilos que surgiram como resultado da hibridização? Como explicar uma estética que, ao combinar dois ou mais estilos preexistentes, se torna ao mesmo tempo algo mais genuíno e completamente diferente?

Citando Lautréamont, quando os surrealistas celebravam essas justaposições, como o "encontro casual entre uma máquina de costura e um guarda-chuva numa mesa de cirurgia", não estavam apenas a vangloriar o nonsense. Eles procuravam antes novas linguagens, novos significados, novos modos de pensar que rompessem com a racionalidade capitalista que tinha arrastado o continente europeu para o moedor de gente que foi a Primeira Guerra Mundial. Aquilo que é deixado para trás, aquilo que a sociedade "de bem" opta por esquecer, ainda tem o potencial de perturbar e reescrever a realidade.

Para os surrealistas, libertar a percepção humana desse racionalismo era uma oportunidade para imaginar modos diversos e mais livres, caminhando rumo a uma consciência revolucionária. Não é por acaso que a maior parte da primeira geração de surrealistas se considerava comunista, socialista ou anarquista.[60] Também talvez não seja por acaso que os surrealistas flertassem com o anticolonialismo e que por isso o movimento teve um número considerável de simpatizantes no Norte da África, no Caribe e no mundo colonizado como um todo. Em todas essas regiões, e na Europa, os artistas e escritores surrealistas procuraram na arte indígena da Oceania e do continente africano inspiração e integração no seu próprio trabalho.

A crioulização, portanto, não se sente à vontade com o poder. Nas suas formas mais autênticas, ela ameaça a cronologia capitalista, obtendo seu próprio espaço, fazendo o que quer com o seu tempo e escolhendo como agir e quais estados emocionais habitam seus dias. Como trabalhar. Se for para trabalhar. O que fazer. Quem amar. O que pensar. Para onde ir. Sentido e subjetividade fora dos modos de vida validados.

Aqui aparece o fracasso da tentativa de criar categorias musicais abrangentes como a *world music*. Ao tentar enfiar todas as músicas não ocidentais na mesma caixa – da bacia do Caribe ao arquipélago indonésio, do candomblé ao canto de Tuva[61] – a *world music* funciona como as vitrines herméticas de um museu. Artefatos primitivos que devem ser congelados no tempo para serem apreciados. A mudança e a ressignificação de cada som, estilo e gênero, o seu movimento

---

[60] Não obstante, Salvador Dalí, simpatizante do fascismo, foi expulso da Internacional Surrealista exatamente por essa razão.

[61] N.d.T.: Ou canto de garganta mongol é uma variante particular da técnica de difônicos (duas notas), praticado por pessoas na Mongólia, Tuva.

através do tempo e do lugar, são negados. O seu passado é reconhecido, mas o seu futuro não.

A crioulização confronta tais estratégias porque só pode acontecer nas periferias e nas brechas. Exige a imaginação de um futuro diferente, autônomo e livre. Os ritmos do progresso – lineares, ininterruptos, monolíticos, visando a mesma homogeneidade da cidade gentrificada e da metrópole imperial – são encrencados pelas batidas e notas que se recusam a serem escanteadas ou largadas no passado.

Fugindo da abstração

A totalidade da coisa soa como algo que não é desta Terra. Ainda assim, é profundamente terreno, com os pés no chão, mesmo quando tudo se espalha por todos os lados. Tudo está encharcado de eco e reverberação, como se os confins do espaço profundo tivessem sido arrastados para os nossos ouvidos. O *ba-dum-tiss* da percussão, linhas de baixo atrevidas, o som agudo dos metais e a pedrada repetitiva das guitarras; tudo se combina numa experiência que circula tanto para fora como para dentro de si própria. É como se o vazio cavernoso entre as batidas e as notas fosse habitado densamente por alguma presença invisível. Quando a faixa acaba, somos surpreendidos ao perceber que só passaram quatro minutos e meio.

Essa é "Black Panta" da lenda do dub jamaicano Lee "Scratch" Perry, gravada com sua banda, os Upsetters, e lançada no álbum *Upsetters 14 Black Board Jungle* em 1973. A introdução da música faz referência explícita a "the jungle" e seu título é nitidamente em homenagem à imponente pantera da selva. Mas há também um duplo sentido óbvio, dado o momento em que a canção foi criada, no início da década de 1970, quando o movimento dos Panteras Negras nos Estados Unidos e na

Grã-Bretanha confrontou as estruturas de poder dos seus países com a sua visão sobre a libertação negra. Naquela época, a rebelião anticolonial também tinha varrido o continente africano, expulsando as potências ocupantes europeias em vários países, como Gana, Argélia e Tanzânia, inspirando revolucionários na Jamaica, terra natal de Perry, e em todo o Caribe.

O tempo conta muito aqui. Certamente o contexto que envolve o lançamento dessa música depende de algum conhecimento histórico sobre a vida daquelas populações. Mas é o som da música que é também necessário ressaltar, o ambiente expansivo e de outra dimensão cósmica criado por ela, permitindo ao ouvinte compor uma grande teia: as florestas tropicais densas e selvagens do continente africano e do Caribe, os militantes Panteras Negras que se organizam nos guetos da Grã-Bretanha e da América do Norte e as massas populares do continente africano que se empenharam ativamente na reconstrução do futuro dos seus países. Há uma afinidade política naturalmente evocada. Em "Black Panta" essas afinidades estão unidas esteticamente, numa interação de diferentes histórias e futuros colidindo e crescendo inexoravelmente e para além das nossas vistas. Esse tipo de fenômeno tão díspar vai muito além das fronteiras de tempo e espaço previamente definidas pela causalidade comum. Como escreveu Luke Ehrlich: "Se o reggae é a África no novo mundo, então o dub deve ser a África na lua."[62]

Duas músicas diferentes não capturam a fuga de forma igual. A maioria captura de maneiras drasticamente distintas e muitas não conseguem por inteiro. Mas o próprio fato de que a fuga se faz presente, de que ela não é apenas de um

---

[62] Luke Ehrlich. "X-Ray Music: The Volatile History of Dub". In: *Reggae Interventional*. Stephen Davis; Peter Simon (ed). Nova York: R and B Books, 1982, p.104.

lugar específico, mas de um modo de tempo, ganha forma através da música, criando uma tensão com o controle capitalista dos ritmos e das formas sônicas.

Por sua vez, essa tensão nos obriga a ressaltar que a análise apresentada por Adorno sobre música popular é insuficiente. Claramente, o seu diagnóstico fornece uma visão precisa sobre como os ritmos da produção de mercadoria moldam os ritmos da música popular. Mas, na melhor das hipóteses, ele descreve apenas um lado e uma dinâmica do fenômeno. Não consegue compreender que a música popular é o resultado tanto de processos de cima para baixo como de baixo para cima.

Essas duas forças opostas raramente são exercidas com a mesma intensidade. Às vezes são os processos de baixo para cima, a livre troca de ideias e sons entre os oprimidos e subalternos, que definem um estilo. O que predomina na nossa época, no entanto, é o modelo de cima para baixo, o processo de mercantilização, principalmente nos estágios em que o consumo se torna de massa.

Qualquer que seja a força que uma canção favoreça, em pelo menos algum momento ambas estarão presentes. Mesmo um artista que há muito deixou para trás sua origem mais humilde para fazer shows em estádios e casas de show de luxo às vezes costuma honrar suas origens dando palhinhas ou aparecendo de surpresa em bares menores.

Adensando ainda mais a situação, há vários casos de canções absolutamente comerciais e insípidas que são inteiramente absorvidas e reconfiguradas pela imaginação popular – muitas vezes sem a permissão dos "proprietários" da obra musical. A dificuldade em discernir hoje direitos autorais e o seu uso justo é um reflexo disso. O mesmo acontece com plataformas de lançamento – física e digital – baratas e acessíveis que também costumam ser atacadas por quem detém o poder.

Stuart Hall, em *Notas sobre a destruição do 'popular'*, conta mais sobre essas interações. Contrariando a caracterização de Adorno da cultura popular como uma ferramenta unilateral de dominação social, ele insiste que a cultura em geral – arte, música, esporte, literatura, meios de comunicação – é uma das formas pelas quais a categoria "povo" é definida. A cultura e as expressões artísticas são um reflexo de nós mesmos, desempenhando um papel crucial na conceituação de ideias como "o povo", "a classe trabalhadora" e assim por diante. A questão subentendida, e que realmente importa aqui, é quem está definindo e impondo essas categorias.

> Às vezes, podemos ser constituídos como uma força contra o bloco do poder: esta é a abertura histórica pela qual se pode construir uma cultura genuinamente popular. Mas, em nossa sociedade, se não somos constituídos assim, seremos constituídos como o oposto disso: uma força popular eficaz, que diz "sim" para o poder. A cultura popular é um dos locais onde a luta a favor ou contra a cultura dos poderosos é engajada; é também o prêmio a ser conquistado ou perdido nessa luta. É a arena do consentimento e da resistência.[63]

Tendo isso em mente, podemos considerar a dialética que se desenrola dentro da estrutura da própria música, na medida em que se relaciona com o estado psicológico do artista ou do

---

[63] Stuart Hall. "Notas sobre a desconstrução do 'popular'. In: *Da diáspora: identidades e mediações culturais*. Liv Sovik (org.). Trad.: Adelaine La Guardia Resende et al. Belo Horizonte: UFMG; Brasília: Representação da Unesco no Brasil, 2003, p. 264.

ouvinte. Em *Groove*, Abel concorda que há uma utilidade na abordagem de Adorno, mas também vê várias inconsistências nela. Por um lado, os ritmos repetitivos que o autor alemão critica nos gêneros populares estão também presentes nos gêneros clássicos que ele mesmo aprova. É possível questionar se Adorno está propondo uma abordagem abrangente para compreender a música no capitalismo ou se está apenas a buscar jeitos de criticar politicamente gêneros que ele não gosta.

Abel também argumenta que o domínio do tempo sobre o processo produtivo não é tão óbvio e fácil de descortinar. É óbvio que a subdivisão do tempo em partes idênticas resulta numa "abstração" do tempo que é semelhante à abstração de espaço proposta por Lefebvre. Ou seja, algo que ocorre fora do controle daqueles que vivem nessa abstração. Mas, como praticamente todos os socialistas e radicais colocam, existe ainda uma força histórica reativa dos trabalhadores e dos pobres que é capaz de exercer um certo domínio sobre esse tempo abstrato – inclusive muitas vezes com a intenção de o transformar e/ou desfazê-lo. Como observa Abel numa entrevista a Kate Bradley:

> O uso do tempo abstrato capitalista tem um paralelo com o movimento organizado da classe trabalhadora. Os primeiros proletários recusaram a tirania do relógio se atrasando e fugindo do trabalho. Já no final do século XIX, os sindicalistas tinham aprendido que a única forma de obter ganhos era lutar contra os patrões no seu próprio terreno – aceitando a disciplina do tempo contado, mas a utilizando para lutar por um dia de trabalho mais curto.[64]

[64] Kate Bradley entrevista Mark Abel. "A Marxist theory of music: It's all in the groove", *RS21* (7 de junho de 2018): https://www.rs21.org.uk/2018/06/17/a-marxist-theory-of-music-its-all-in-the-groove/.

Se essa força histórica acontece no império do trabalho, da produção e da acumulação, por qual razão não aconteceria na música?

Música, agora!

Em *Sobre o conceito de História*, Walter Benjamin traz uma maneira de visualizar o tempo e a história que se recusa a recuar diante dos desastres do capitalismo e que retém uma chama de esperança revolucionária. Na décima quarta tese, ele nos apresenta o conceito de *jetztzeit*. A palavra alemã não tem um equivalente preciso em inglês,[65] mas para Benjamin é assim que a revolução considera a passagem do tempo: não como vazio ou abstrato, mas repleto de potencial anárquico. Como Michael Löwy escreve:

> O passado contém o presente, Jetztzeit – "tempo-de-agora" ou "tempo atual". Em uma variante da tese XIV, o Jetztzeit é definido como um "material explosivo" ao qual o materialismo histórico junta o estopim. Trata-se de fazer explodir o contínuo da história com a ajuda de uma concepção do tempo histórico que o percebe como "pleno", carregado de momentos "atuais", explosivos, subversivos.[66]

A modernidade, portanto, é uma forma específica de sociedade, uma temporalidade e um modo de existir com tendências

---

[65] N.d.T.: Em português, o conceito é amplamente discutido por intelectuais e pode ser traduzido literalmente como "tempo do agora", "tempo presente" ou "a era de hoje". Mas, ainda que essas expressões se refiram ao presente, o pensamento do autor, ao contrapor o pensamento típico do historicismo e da tradição positivista-evolucionista, é atribuir ao tempo a capacidade de viver além da sua própria época.

[66] Michael Löwy. *Walter Benjamin: aviso de incêndio. Uma leitura das teses "Sobre o conceito de História"*. São Paulo: Boitempo, 2005, p. 120.

duais. Pode ser mantida na mesma direção infame a que já estamos submetidos, ou pode ser impulsionada para uma direção completamente diferente. A retomada do tempo abstrato pela classe trabalhadora oprimida explica essa tensão profundamente enraizada. A classe trabalhadora oprimida não precisaria reivindicar nenhuma mudança radical se não tivesse sido explorada primeiramente. Essa exploração, no entanto, inevitavelmente revela a potência histórica dessa classe ao buscar retomar o controle do seu tempo e o direcionar por um caminho diferente.

Abel aborda esse "tempo do agora" no groove e na estrutura da música popular. Para ele, a importância do padrão rítmico da música popular reside no fato de que se cria uma sensação de antecipação profunda. Em outras palavras, a maneira como as notas e as batidas são ouvidas é influenciada diretamente pela posição das outras batidas e notas que foram ouvidas antes. É essa dinâmica que nos possibilita exercer controle sobre essas batidas. O autor afirma que:

> O groove aciona um contínuo temporal metafórico, uma rede de momentos organizados hierarquicamente em relação a um sistema padrão de medida do tempo. O efeito dessa organização temporal, ao contrário da previsibilidade esperada, é uma acentuação do presente. Essa é, na prática, a sintonia entre cada batida do groove.[67]

A forte conexão entre o ritmo da música popular e o tempo do capital por vezes enfraquece a prevalência do chamado "tempo vazio", até mesmo literalmente em temas musicais. Peguemos a música "Money", do Pink Floyd, de 1973 como exemplo. Os primeiros compassos dessa canção consistem

---

[67] Abel. *Groove*, p. 242.

em uma linha de baixo constante e repetitiva, acompanhada pelos sons de caixas registradoras abrindo e moedas tilintando. No entanto, o que é importante notar é que, embora a música seja estruturada em torno desse tipo de batida hipnótica, essa mesma batida se afasta de um formato previsível e óbvio. Ela é tocada em um compasso não tradicional de 7/4, criando um padrão desigual. Quando esperamos que haja mais uma nota, a banda retorna ao início da frase musical, nos surpreendendo.

No entanto, como Abel observa, músicas em tempos como 7/4 são relativamente raras na música popular. O caso da música "Money" do Pink Floyd é a exceção que confirma a regra. Ao adotar uma estrutura na qual há uma "nota ausente" em um contexto altamente estruturado, "Money" exemplifica a maneira pela qual a divisão da vida em partes comensuráveis também desestabiliza nossa existência. De certa forma, a predominância do tempo vazio e do tempo do capital na música popular é usada contra si mesma.

Portanto, os padrões temporais da música popular criam espaço e contradição para que possamos reimaginá-los. Além disso, é difícil ignorar a intenção de um jovem artista ao recriar esses padrões – seja digitalmente, seja por meios mais analógicos – e a tomada das forças produtivas do capitalismo, de baixo para cima, transformando o tempo abstrato em uma nova história.

Nesses casos, até mesmo a música mais tocada, a número um nas paradas, uma canção sinônimo de lucro, pode ser completamente transformada. Seu ritmo pode ser acelerado ou desacelerado ao extremo. A estrutura da sua síncope e da sua polirritmia pode ser modificada para tornar sua própria anatomia irreconhecível. As contradições que deram origem ao nosso presente momento fornecem força suficiente para criar uma rota de fuga radical.

A redenção do grime

No clipe da música "That's Not Me" (2014), o MC de grime Skepta usa um par de headphones com fios como microfone. Trata-se de uma prática comum que reflete a profunda ligação do grime com a cena das rádios piratas de Londres. Ainda assim, é difícil imaginar um simbolismo que seja mais evidente. Em contraste com a "prazer de consumo dos EdIpods [OedIpods]" de Mark Fisher, Skepta pega num instrumento que certifica musicalmente a condição de isolamento e arritmia urbana contemporânea e o vira literalmente do avesso.

A música também soa virada do avesso. A agressividade da percussão digital e as linhas de baixo são processadas e reprocessadas, e filtradas, e refiltradas a um nível tão extremo que parecem que vão estourar os alto-falantes. A sonoridade das teclas vibra como se tivesse sido sequestrada internamente, se tornando matéria orgânica ao abraçar a sua própria imprecisão e decadência.

Já a letra da faixa apresenta uma rejeição específica ao consumo excessivo. Skepta rejeita as armadilhas do luxo que aparentemente são onipresentes na indústria musical: "Sim, eu costumava usar Gucci / Coloquei tudo na lixeira porque isso não sou eu". Isso não é necessariamente uma forma de se colocar num patamar moral acima de outros MCs, mas sim uma vontade mais autêntica de se expressar e de buscar uma criatividade única.

Também vemos, no fundo do vídeo, imagens de baixa qualidade de Skepta, imagens do Meridian Estates, o complexo habitacional público em Tottenham, na zona norte de

Londres, onde o MC foi criado por pais imigrantes nigerianos. Contra o monumento deslumbrante que é Londres, o centro financeiro global, "That's Not Me" recontextualiza e celebra o ordinário, o imperfeito e o negligenciado. O que soa como ruído para os ouvidos privilegiados é aqui transformado num novo paradigma sônico que claramente não é para aqueles que "foram escolhidos".

"That's Not Me" foi uma espécie de divisor de águas para a cena musical do grime. O álbum em que veio a ser lançado na sequência, *Konnichiwa*, ganhou o cobiçado prêmio britânico Mercury Music Prize em setembro de 2016. Mas, antes disso, o grime tinha passado anos à margem da música. Após uma popularidade inicial no início dos anos 2000, a cena underground grime em Londres se viu alvo do governo e das forças policiais da cidade.

Foram aprovadas leis que exigiam que as casas de show apresentassem o Formulário 696,[68] descrito eufemisticamente como uma "avaliação dos riscos da música ao vivo". A desculpa da Polícia Metropolitana de Londres era que isso servia para garantir a segurança dos próprios shows e performances ao vivo, e se o formulário não fosse entregue ou preenchido corretamente com a devida antecedência, a polícia obrigaria o cancelamento do evento. Porém, mesmo quando os organizadores preenchiam corretamente, a polícia tinha o poder de cancelar o evento. Dentre as questões da

---

[68] N.d.T.: O Form 696 era um formulário usado pela Polícia Metropolitana de Londres para coletar informações sobre eventos públicos, festas e shows. O objetivo era mapear "supostos" riscos associados a esses eventos e tomar medidas preventivas, especialmente no que diz respeito à segurança pública. Obviamente as comunidades pobres da cidade consideraram a medida como uma forma de discriminação racial e de classe, uma vez que a lei atingia primeiramente e quase que exclusivamente as expressões culturais e musicais de grupos menos privilegiados.

versão original do formulário, em uso até 2008, perguntava-se quais os grupos raciais e étnicos que poderiam comparecer ao evento. Ou seja, no fundo, os espaços sociais e criativos estavam sendo regulados e reprimidos, se não proibidos por completo. O grime, em particular, foi forçado a voltar ao submundo cultural.

Mas isso não era exatamente algo novo para as comunidades não brancas da classe trabalhadora na Grã-Bretanha. Dan Hancox, em *Inner City Pressure*, coloca que a criação do grime é explicitamente ligada à "modernização" do estado de bem-estar social e urbano, liderada pelo governo trabalhista de Tony Blair. Foi nessa época que câmeras CCTV começaram a ser instaladas em todos os cantos da cidade, que foram introduzidas as Anti-Social Behaviour Orders (ASBOs)[69] e que milhões de libras foram derramadas em projetos de "regeneração urbana" que despejaram as pessoas pobres e da classe trabalhadora para fora das suas casas. Os subsídios estatais que permitiam a sobrevivência de artistas de origens mais humildes, que mantinham abertos os espaços comunitários de arte e música, também foram cortados. "Os manos do grime ficaram sem esses subsídios estatais", escreve Hancox.

> Por isso, nós devemos celebrar o seu espírito independente, autônomo e a perseverança intrínseca – adolescentes sem perspectiva, fazendo algo mais fascinante e contemporâneo do que qualquer pessoa jamais teria imaginado. Eles fizeram o corre com a ajuda de casas de show recém-abertas,

---

[69] N.d.T.: ASBO é a sigla para "Anti-Social Behaviour Order" (Ordem de Comportamento Antissocial, em tradução livre). As ASBOs eram ordens judiciais emitidas no Reino Unido para lidar com comportamentos relacionados à vadiagem. Elas foram introduzidas pela Lei de Justiça Criminal e Ordem Pública.

professores e um espírito coletivo e comunitário que iria ser esmagado por um governo determinado a acabar com tudo em nome da "reconstrução" do centro da cidade.[70]

Até o nome do gênero, grime,[71] colou bem, porque suscitava imagens daquilo que uma Londres em gentrificação preferia se livrar. Como coloca Hancox, há uma dose de moralismo cristão quando os governos das cidades falam de "regeneração", como se tudo o que fosse encardido, tudo o que não se enquadrasse no progresso linear e acumulativo da cidade estivesse destinado a ser dominado pelo vício da moralidade. O grime, ao criar imagens de sujeira e desregramento, esfregou na cara da respeitável Londres tudo o que ela queria que ficasse fora da vista e da mente de todos (embora as implicações de tal significado também tenham sido impactantes o suficiente para que muitos dos membros da geração original do grime se opusessem ao rótulo).

A presença de espaços residenciais, cada vez mais negligenciados pelo governo, não só em "That's Not Me" mas no grime em geral, é mais uma necessidade do que uma escolha estilística. Partindo da observação anterior de Cynthia Cruz, o espaço doméstico é, muitas vezes, o único espaço em que um artista pobre ou da classe trabalhadora pode criar em segurança. O artista, tornado invisível praticamente em todos os sentidos e instâncias, aproveita os poucos metros quadrados de que dispõe para fazer do seu tempo algo tolerável, menos monótono, conduzindo sua existência a outro lugar que não um futuro que sequer existe. O local de

---

[70] Dan Hancox. *Inner City Pressure: The Story of Grime*. London: William Collins, 2018, p. 30.

[71] N.d.T.: Se traduzido literalmente para o português, "*grime*" significa "sujeira", "fuligem".

sobrevivência se torna um local de fuga criativa. Isso nos diz bastante sobre o papel da criatividade no ato de sobreviver.

Com base em Sartre e traduzindo ideias preliminares sobre a subjetividade radical em termos explicitamente antirracistas e anticoloniais, a obra de Frantz Fanon procurou traçar um caminho através do qual os subjugados pudessem passar "de objeto a sujeito". Para romper com os pressupostos profundamente enraizados de inferioridade e desumanização que os rodeavam, os sujeitos racializados deviam reconhecer o seu próprio poder ontológico, o seu potencial para recriar o mundo à sua imagem. Alcançar tal dignidade e autoestima "implica reestruturar o mundo", como Fanon insiste, significa reestruturar o ritmo no qual a vida é vivida, forçando o tempo a se voltar para trás e a considerar a humanidade daqueles que anteriormente não tinham rosto.[72] Por isso, canções como "That's Not Me" são a redenção sônica daqueles que são anacronizados. São esses que, excluídos da história cronológica, estão numa posição favorável ao contra-ataque. "Os anacronismos podem perturbar o tempo linear homogêneo do capitalismo e do Estado-nação", escreve Massimiliano Tomba, "e podem orientar a trajetória da modernidade política numa direção diferente."[73]

Essa é a unidade primordial da crioulização. Aqui, na sua forma mais autêntica, ouvimos não só um modo que representa as influências, crenças e experiências de uma

---

[72] Frantz Fanon. *Pele negra, máscaras brancas.* Trad. Sebastião Nascimento. São Paulo: ubu, [1952]2018; e Peter Hudi. *Frantz Fanon: Philosopher of the Barricades.* Londres: Pluto Press, 2015.

[73] Massimiliano Tomba. "Deprovincializing Marx: On Harry Harootunian's Reading of Marx", *Viewpoint Magazine* (27 de junho de 2017): https://viewpointmag.com/2017/06/27/deprovincializing-marx-on-harry-harootunians-reading-of-marx/.

narrativa refeita para se adequar, mas também ouvimos aquilo que foi deliberadamente descartado e esquecido regressando ao palco central da história, reaproveitando-se e tornando-se impossível de ser ignorado. Se a música é a estetização do tempo, então a reestetização do tempo pela arte representa a possibilidade de usar o tempo e a história em nosso favor. A pulsão utópica da música está perto de se efetivar aqui. Perto, mas ainda distante.

"THAT'S

NOT ME"

ANACRONISMO, AO ATAQUE

As cidades, como os sonhos, são construídas por desejos e de medos, ainda que o fio de seu discurso seja secreto, que as suas regras sejam absurdas, as suas perspectivas sejam enganosas e que todas as coisas escondam uma outra coisa.

Italo Calvino, *As cidades invisíveis*[74]

Somos corpos respondendo de forma diferenciada, uma força (total), contra você. Você reage para incitá-lo, recriá-lo, resistir-lhe. É a pressão contrária produzindo (neste caso) o som, a música.

LeRoi Jones (Amiri Baraka),
"O mesmo que muda (R&B e Nova Música Negra)"[75]

Música como espaço de libertação

Quando as pessoas nos mostram de cara quem elas são, significa que você deve logo acreditar nelas. Assim também é a arquitetura. Vizinha do centro de poder político britânico, a Praça do Parlamento de Londres nos revela uma aura propositadamente imersa e conectada ao seu passado imperial. A Grã-Bretanha é uma das monarquias mais duradouras da

---

[74] Italo Calvino. *As cidades invisíveis*. São Paulo: Companhia das Letras, 2002, p. 44.
[75] LeRoi Jones (Amiri Baraka). *Black Music: free jazz e consciência negra*. São Paulo: sobinfluencia, 2023, p. 140.

história moderna, uma ambição que se coloca acima e fora do próprio tempo.

Mas não podemos esquecer que, acima de tudo, se trata da Praça do Parlamento. Assim, há obviamente uma clara intenção de transparecer a ideia de participação democrática. O imponente, formal e austero Palácio de Westminster, que abriga o Parlamento britânico a leste da praça, foi projetado para ser equilibrado pelo amplo campo gramado, um espaço onde o poder aparentemente é nivelado.

O palácio de Westminster, no entanto, não é a única casa de imenso poder que circunda a Praça do Parlamento. Ao norte, estão os edifícios do Whitehall, que abrigam o centro administrativo do governo britânico. A oeste está o Middlesex Guildhall, frequentemente utilizado como sede da Suprema Corte. E ao sul está a Abadia de Westminster, uma das catedrais mais importantes da Igreja da Inglaterra, onde a maioria dos membros da família real se casa. Se a Praça do Parlamento é concebida como um espaço de aglomeração em tese democrática, então as torres ornamentadas que a cercam são o ponto onde essa aglomeração encontra seu limite.

Durante as modificações urbanas que deram origem à praça em 1868, semáforos foram colocados nas avenidas ao redor. Esses foram os primeiros semáforos da história, pensados para diminuir os congestionamentos na então maior e mais povoada cidade do mundo.

A partir daí várias estátuas dos legisladores mais emblemáticos da Grã-Bretanha foram erguidas: Winston Churchill, Benjamin Disraeli, Robert Peel, David Lloyd George e outros que lideraram e mantiveram o império. A inclusão de figuras históricas que lutaram por liberdades básicas, como Millicent Fawcett, Abraham Lincoln e Nelson Mandela, pode até sinalizar a adoção de um caminho mais inclusivo e progressista, mas a permanência da estátua de Jan Smuts, o segundo primeiro-ministro da África do Sul e um dos principais arquitetos do regime do apartheid, instalada por iniciativa de Churchill e sobrevivendo mesmo após décadas de protestos, nos lembra como o passado permanece inalterado.

No século XXI, presenciamos diversas batalhas legais sobre quem tem permissão para ocupar a Praça do Parlamento "livremente". Historicamente, ela tem sido um ponto de encontro para manifestações. Em 2005, o Serious Organised Crime and Police Act[76] proibiu aglomerações que não tivessem autorização prévia da polícia de Londres. Embora uma revogação parcial tenha ocorrido em 2011, a inclusão de uma parte no texto que faz alusão a "atividades proibidas" deixou margem para interpretações que podem culminar na manutenção das restrições.

Em outras palavras, a Praça do Parlamento é um exemplo significativo de como a cidade do capitalismo tardio pode silenciar protestos por meio da concessão e da moderação. As liberdades absolutas são escassas na mesma medida em que a permissão de protestos e aglomeração de pessoas, ainda que possível, é também limitada. É um espaço de oportunidades e encontros, é verdade, mas essas oportunidades são estritamente regulamentadas, preservando a narrativa da grande

---

[76] N.d.T.: O Serious Organised Crime and Police Act (SOCPA) foi uma lei promulgada em 2005 no Reino Unido. Essa lei tinha o objetivo de controlar questões relacionadas ao crime organizado, terrorismo e aplicação da ordem. Algumas das principais disposições do SOCPA incluíam: mais poderes de detenção e interrogação para forças de segurança, proibições de protestos, aumento de posse de armas de fogo para a polícia, medidas antiterrorismo e manutenção da ordem e do bem-estar.

história britânica. Se os semáforos não servem como um lembrete disso, as estátuas e a arquitetura, com certeza, o fazem.

Em 9 de dezembro de 2010, essas condições foram momentaneamente abaladas, apesar do contexto improvável. Ao longo de vários dias, os protestos contra as "reformas" educacionais da coalizão governamental Conservadora-Liberal Democrata cresceram em tamanho e intensidade. Lideradas pelo primeiro-ministro David Cameron, um aristocrata de Oxford com certa preferência por porcos, as reformas aumentaram significativamente o custo do ensino superior no Reino Unido. Os subsídios governamentais e a isenção de mensalidades foram retirados, tornando, na prática, a universidade inacessível para muitos jovens de origem pobre.

A mídia difamou os manifestantes, os retratando como estudantes universitários mimados que estavam apenas brincando de fazer revolução. Na realidade, as manifestações incluíam uma presença significativa de jovens dos bairros mais pobres de Londres, como Tower Hamlets, Croydon e os conjuntos habitacionais em Islington, entre outros. Esses jovens eram conhecidos como "os jovens do EMA" e não poderiam prosseguir seus estudos sem a ajuda do Education Maintenance Allowance (EMA), um auxílio semanal que ajudava os estudantes mais pobres a se manter na escola. Esse auxílio que era o alvo dos cortes do governo.

Algumas semanas antes, os manifestantes já haviam mostrado disposição para ultrapassar as fronteiras do que era considerado um protesto "seguro" e "autorizado". Em 10 de novembro, eles romperam as barricadas policiais e depois as portas da frente do prédio na 30 Millbank, ocupando a sede do Partido Conservador. Por algumas horas, o arranha-céu de fachada lisa com vista para o Rio Tâmisa teve sua soberania impenetrável perfurada pelo caos de um movimento espirituoso e vibrante.

Em 9 de dezembro, as reformas do governo foram aprovadas. Dois protestos enormes foram convocados em Londres, organizados por grupos anticortes e estudantes, com respaldo de sindicatos e da esquerda organizada. Ambos os protestos reuniram uma grande quantidade de manifestantes. Eles eram numerosos, jovens e absolutamente furiosos.

Os eventos desse dia já foram eternizados em inúmeros artigos e livros, mas os seus elementos essenciais são um exemplo pontual de como a insurreição pode transformar o espaço através do tempo – e o papel que a música desempenha nisso. Por volta das 14h30, os manifestantes alcançaram a Praça do Parlamento e romperam as barreiras policiais. Centenas inundaram a praça. Alguns incendiaram placas e entulho. Outros manifestantes subiram nos postes de luz para encabeçar os cânticos que estavam sendo entoados. Um manifestante teve a simples e brilhante ideia de pintar a grama com letras garrafais cor-de-rosa para que os helicópteros dos jornais captassem o grito de guerra: "NÃO."[77]

E foi isso que rolou: um amplo ato de recusa em massa. Em outras partes do centro de Londres, os manifestantes atacaram qualquer vestígio ou símbolo de privilégio, incluindo o Rolls Royce do (então) príncipe Charles e de Camilla Parker-Bowles. Os membros da realeza ainda estavam a bordo do carro. Ao anoitecer, as centenas na Praça do Parlamento haviam se transformado em milhares. Apesar das tentativas de cercar os manifestantes, a Polícia Metropolitana havia perdido qualquer controle que talvez tenha tido anteriormente.

---

[77] Sequência de eventos narrada e verificada através da cobertura jornalística dos eventos no *The Guardian*: https://www.theguardian.com/education/blog/2010/dec/09/student-protests-live-coverage.

Várias pessoas, tanto do lado da polícia quanto dos manifestantes, foram feridas (embora proporcionalmente muito mais manifestantes do que policiais).

As janelas na fachada do prédio da HM Customs and Revenue,[78] no lado leste da praça, foram quebradas. O mesmo aconteceu no lado oposto, na sede da Suprema Corte, onde alguém pintou com spray um slogan inspirado em Guy Debord: "Seja realista – exija o impossível."[79]

À medida que as chamas consumiam a praça, jovens vestidos de preto tocavam música alta e grave num sistema de som. Eles dançavam, se agitavam e se abraçavam, buscando consolo uns nos outros diante do futuro genuinamente desprovido de perspectivas que se descortinou naquela noite. Um certo niilismo não era apenas inevitável, mas também inteiramente compreensível. Naquela noite, jovens que passaram a maior parte de suas vidas ouvindo que toda a história estava longe de seu alcance agiram de acordo com seus próprios termos, preenchendo o tempo com sua presença e forçando o mundo a reconhecê-la.

A música tocada na Praça do Parlamento naquela noite foi rotulada equivocadamente não uma, mas duas vezes. Primeiramente, Paul Mason denominou os protestos como "a rebelião dubstep". No entanto, ele foi prontamente corrigido nas redes sociais por alguns participantes. Houve então o compartilhamento coletivo de uma playlist feita para o momento. Assim, descobriu-se que poucas faixas tocadas podiam ser realmente consideradas como "dubstep". No dia seguinte, uma correção foi sugerida: "a rebelião grime". No

---

[78] Alfândega e Receita.

[79] Paul Mason. *Why It's Still Kicking off Everywhere: The New Global Revolutions*. London: Verso, 2013, p.15.

entanto, como Dan Hancox também apontou, não havia muito grime naquela playlist também.[80]

Na verdade, as músicas tocadas eram bem variadas e ecléticas, englobando uma ampla variedade de rap, R&B e outros gêneros derivados de ambos os lados do Atlântico. Havia faixas de Rihanna e 50 Cent. O dancehall jamaicano estava representado com "Bun Bad Mind", de Elephant Man, e "Romping Shop", de Vybz Kartel. Também era possível ouvir influências de gêneros como o drum & bass e o UK garage.

E sim, houve uma faixa que era um dubstep de fato: uma colaboração entre o produtor de Croydon, Benga & Coki, da dupla Digital Mystikz. É possível imaginar a música "Night", de Benga & Coki, ecoando na Praça do Parlamento naquela noite, com seu ritmo robótico, o sample percussivo e sua batida quebrada ressoando entre os edifícios e as estátuas grafitadas. O que antes era uma edificação imponente, agora dançava sob a luz das fogueiras, nos oferecendo uma visão vívida do contraste dramático entre o que aquele espaço costumava representar e no que havia se transformado.

Verdade seja dita, é evidente que o grime ocupou um lugar especial naquela noite. Na playlist, encontrava-se "Serious", de JME, o irmão mais novo de Skepta. No entanto, "Pow! (Forward)", de Lethal Bizzle, pareceu capturar melhor a mudança radical que se fazia presente naquele momento. Lançada em 2004 (e não deve ser confundida com suas sequências "Forward Riddim 2" ou "Pow 2011"), a faixa contou com a participação de pelo menos nove outros MCs do grime *underground*, todos rimando no estilo rápido e furioso característico do gênero. Tanto as letras quanto sua pegada

---

[80] Dan Hancox. "This is Our Riot: 'POW!'", (10 de dezembro de 2010): http://dan-hancox.blogspot.com/2010/12/this-is-our-riot-pow.html.

são frenéticas e implacáveis, uma batida que derruba obstáculos com golpes de machado. Apesar de ter sido banida de vários clubes e estações de rádio britânicas devido às suas referências "controversas" à cultura armamentista, a música se tornou uma das mais representativas na cena do grime e quase chegou ao top dez no Reino Unido.

"Pow!" é o recado final no apagar das luzes. De acordo com Hancox, essa música foi tocada três vezes seguidas naquela noite. Na manhã seguinte, os protestos haviam se dispersado, e em questão de dias, a Praça do Parlamento havia retornado à sua ordem habitual, com suas estátuas imperiais silenciosamente vigiando o tráfego de veículos que entravam e saíam. Londres continuava a desempenhar seu papel como centro financeiro global. No entanto, na noite de 9 de dezembro, a praça foi ao mesmo tempo uma pista de dança e uma zona autônoma temporária, um espaço onde os marginalizados e os oprimidos, ainda que de forma simbólica, se colocaram no centro do poder britânico. O que costumava ser um local onde o curso do tempo fluía sem perturbações ao longo da história se transformou em um local de ruptura radical. Um futuro muito diferente, marcado pela espontaneidade e anarquia, foi avistado no horizonte.

Heterotopia do groove

Espaços de prática artística radical deveriam ser acessíveis. Além disso, e igualmente importante, eles deveriam ser locais permanentes de diálogo e intercâmbio, não apenas dentro dos seus limites arquitetônicos, mas também em relação à cidade como um todo. Se uma determinada visão de mundo pode nascer lá dentro, também seria necessário compartilhá-la com o mundo exterior. Esses são espaços de cultura que exercem uma espécie de poder democrático crucial.

Henri Lefebvre cunhou um termo para esses tipos de espaço: "heterotopia". Definida como "espaços de diferença", a heterotopia não se encaixa no estereótipo de um espaço impessoal e abstrato projetado para nos isolar, tampouco se enquadra na proposição de uma "utopia concreta". Ela existe em algum ponto intermediário, caracterizada por dinamismo e contingência, representando futuros em constante evolução, à medida que seus habitantes percebem sua capacidade de transformar o mundo ao seu redor. Como resumiu David Harvey em *Cidades rebeldes*, "o conceito de heterotopia de Lefebvre (radicalmente diferente do de Foucault) delineia espaços sociais limítrofes de possibilidades onde 'algo diferente' é não apenas possível, mas fundamental para a definição de trajetórias revolucionárias."[81]

Sejam eles públicos, privados ou em algum ponto intermediário, esses espaços existem à margem do olhar vigilante da cidade cada vez mais controlada e autoritária. Como resultado, eles proporcionam um terreno fértil para a descoberta e promoção de subjetividades alternativas. Restaurantes e bares frequentados pela classe trabalhadora, espaços comunitários independentes, parques abandonados ou raramente fiscalizados pelas autoridades, moradias ocupadas – todos esses exemplos se encaixam nesse contexto. Conforme observado por David Harvey, há grande potencial para o nascimento de visões revolucionárias nesses espaços liminares. Há também, no entanto, uma instabilidade intrínseca a eles, sobretudo à medida que a cidade autoritária, por meio

---

[81] Harvey. *Cidades rebeldes*. São Paulo: Editora Martins Fontes, 2014, p. 22.

da privatização ou repressão, tem eliminado esses locais ou dificultado seu acesso.

Infelizmente, resta muito pouco desses espaços. E, entre eles, são raros aqueles que conseguem se transformar, por meio da criatividade de seus participantes, em algo genuinamente radical e libertário. A austeridade neoliberal fechou a maioria desses locais, prejudicou os poucos que sobreviveram e apagou a própria ideia de que o acesso a esses espaços é um direito democrático. Portanto, a criação de um tempo e espaço verdadeiramente livre é, por natureza, uma oposição aos ritmos preestabelecidos da cidade autoritária. Para que a heterotopia sobreviva, é fundamental que ela se mova das margens para o coração da cidade, desafiando até mesmo suas fortalezas intransponíveis.

Portanto, quando os oprimidos criam suas próprias cenas e espaços, suas próprias expressões culturais e musicais, isso implica, em algum nível, confrontar o ambiente ao seu redor, seja urbano ou não. Nos primeiros dias do hip-hop no Bronx, os DJs que levavam suas festas para as ruas costumavam fazer gambiarras nos postes de luz para puxar energia para seus toca-discos. O próprio grime, em seus primeiros anos de origem, dependia consideravelmente de estações de rádio piratas criadas por jovens nos conjuntos habitacionais. Eles também levavam seu equipamento de mixagem e transmissores até o topo dos edifícios para serem ouvidos por qualquer um sintonizado na frequência correta. Enfiados nas rachaduras que a cidade homogeneizada não consegue cobrir, os ritmos da sobrevivência continuam a emergir e alcançar outros ouvidos.

E então há os momentos em que esses ritmos emergem dessas rachaduras, saindo das sombras ao conquistar uma parte significativa da imaginação popular. Assim, os sons ocupam a cidade de um jeito que toda onda parece bater forte e diferente.

De acordo com muitos que estavam dentro da cena, esse processo foi endêmico no surgimento do que conhecemos como "rave". A rave não é uma designação específica de um estilo, estando mais relacionada a praticamente todos os gêneros de música eletrônica: do techno de Detroit até o big beat britânico, passando pelo acid house de Phuture até o drum and bass atmosférico de LTJ Bukem. Também, esses gêneros não são os únicos capazes de interagir com o espaço de tal maneira. O que todos tinham em comum, no entanto, é um arranjo muito específico de ritmo e som que confrontava a política espacial do neoliberalismo.

O fechamento de fábricas nas décadas de 1980 e 1990, juntamente com a falta de dinheiro nas áreas urbanas, resultou na formação de uma quantidade considerável de espaços abandonados. Além disso, as pessoas estavam em busca de um sentimento de esperança que nem a economia, nem a política eram capazes de prover. Isso representou um abandono e uma obsolescência em grande escala. Não foi mera coincidência o fato de que essas cenas eram notavelmente multirraciais e LGBTQIA+, sampleando, refazendo e aprofundando as influências do funk, soul e disco. DJs como Frankie Knuckles – um cara negro e gay nascido no meio da precariedade do Bronx – conseguiram prosperar em tal ambiente. Nesse cenário, situado entre um presente marcado pelo vazio e um futuro que prometia ser melhor, as raves e as inúmeras faixas musicais que as animavam estavam destinadas a tomar forma e brilhar.

Tomemos, por exemplo, a cena da música eletrônica em Detroit, EUA. Durante o auge de sua popularidade nos anos 1990, o epicentro dessa cena era a Fábrica Packard. Essa fábrica de automóveis foi inaugurada em 1903 e encerrou suas operações em 1957, deixando aproximadamente 150 mil metros quadrados inutilizados. Outros espaços abandonados, como armazéns e oficinas mecânicas, também estavam presentes na área ao redor. Esses espaços que costumavam ecoar o constante ritmo da linha de montagem ou a agilidade sônica do ato de empacotar e descarregar as mercadorias, agora estavam em silêncio, enquanto o capital sempre encontra outros espaços onde pode se reproduzir de forma mais eficiente. Não foi coincidência que a mesma recessão econômica que esvaziou esses espaços também tenha trazido ansiedade e incerteza aos bairros residenciais vizinhos. Embora os primeiros artistas da cena do techno de Detroit não tenham origem nas áreas centrais, e sim nos bairros habitados pela classe média negra, o desejo de forjar um futuro a partir do que havia sido descartado e deixado para trás era inequivocamente evidente.[82]

Várias descrições do techno de Detroit caracterizam seu som como "futurista", e alguns de seus pioneiros o associaram diretamente a conceitos como o de Afrofuturismo. Havia um fascínio com as possibilidades da gravação digital e da feitura de samples. Os instrumentos usados – sintetizadores Roland, *drum machines* e, claro, toca-discos – eram capazes de criar combinações sonoras inéditas. As batidas podiam ser aceleradas ou desaceleradas à vontade. O som agudo de um órgão podia ser manipulado e distorcido, se transformando

---

[82] Arthur Bray. "The Golden Years – Detroit Techno's Warehouse Scene", *Maekan* (3 de julho de 2018): https://maekan.com/story/the-golden-years-detroit-technos-warehouse-scene/.

em algo como uma guitarra num pedal de *overdrive*. As notas ganhavam um timbre completamente desconhecido para aqueles mais acostumados com instrumentos tradicionais, parecendo algo vindo de um planeta distante. Os sons pulsantes e extraterrestres atravessavam o céu escuro em direção à terra em que você estava.

As apresentações e festas que deram origem a esses sons, especialmente nos primeiros dias, frequentemente aconteciam sem autorização nenhuma. Nos anos 1990, a Fábrica Packard estava vazia há tanto tempo que poucos artistas sabiam quem era realmente o proprietário do edifício. Na verdade, isso nem importava tanto. Nas noites de evento, a fábrica parecia pertencer a todos. O impacto dos sistemas de som ressoava pelas enormes instalações da fábrica, ocupadas por milhares de pessoas em busca de uma experiência definida pela união e liberdade. Os novos arranjos temporais criaram uma atmosfera diferente. A paralisia depressiva era substituída pela energia de milhares de corpos se movendo individualmente, mas sincronizados por um só ritmo. Eles carregavam e eram carregados pelo tempo ao mesmo tempo. Não era nenhuma raridade ver aqueles que estavam presentes testemunharem o nascer do sol, mal acreditando que a noite tinha chegado ao fim.

Ainda que a miríade de subgêneros rotulados como "música de rave" tivessem diferentes características de variadas formas, algumas dessas características eram constantes. As batidas repetitivas, harmonias e melodias que criavam uma atmosfera hipnótica entre quem ouvia e quem tocava. O uso das tecnologias digitais permitia explorar virtualmente qualquer som já existente e transformá-lo em algo novo – embora seja necessário destacar que muitos subgêneros não hesitavam em incorporar guitarras, baixos, baterias ou teclados ao vivo em suas performances, como pode ser percebido na obra de artistas tão diferentes quanto Happy Mondays e Prodigy.

Por fim, as apresentações convidavam, pediam e tornavam necessária a participação em massa. Ouvir esses sons em fones de ouvido ou com seus amigos em uma sala de estar era tudo de bom, mas a espontaneidade e a energia em peso das festas, com milhares de pessoas movidas pelos mesmos sons, era onde a música realmente ganhava vida. O auge dessas cenas – em Detroit ou em Manchester, Roterdã ou Goa – dependia desse tipo de apresentação. Em síntese, a música como encontro e acontecimento.

Abel, no livro *Groove*, explora a experiência que esse tipo de ritmo ecumênico proporciona aos seus ouvintes. Se referindo ao renomado musicólogo Christopher Small, ele enfatiza a música como um processo, não apenas como um objeto. A prática musical na presença de outras pessoas dissolve a fronteira entre o indivíduo e o coletivo, entre o interno e o externo. O autor diz que:

> A ideia da prática de *musicking*, neologismo cunhado por Christopher Small, consiste na sincronização da consciência temporal abstrata de todos os envolvidos – compositores, intérpretes e ouvintes igualmente – em um presente vívido, que tem suas raízes na atividade física do mundo para além do centro e influencia a capacidade de desfrutar a música.[83]

Em outras palavras, viver um ritmo compartilhado é experienciar uma sensibilidade coletiva. Não apenas o mundo interno da nossa imaginação é transformado em algo perceptível e externalizado, mas também se torna um marco

---

[83] Abel. *Groove*, p. 143.

partilhado. Isso sincroniza os nossos "relógios internos" abstratos em uma única frequência, criando uma estetização compartilhada do tempo.

Batidas arrojadas e razão psicodélica

Em *Energy Flash*, ao narrar a história da música e da cultura rave, Simon Reynolds descreve o monumental e infame Festival Castlemorton Common de 1992 como "uma cena estranhamente equilibrada entre o idílico e o apocalíptico". Castlemorton não aconteceu em um centro urbano, mas sim no distrito rural das colinas de Malvern, em Worcestershire, Inglaterra (uma prova do quão popular as raves se tornaram, a ponto de os maiores eventos não ocorrerem em fábricas abandonadas, mas em vastos campos abertos). Esta caracterização parece ser apropriada para uma cena rave: locais decadentes e deliberadamente abandonados que prejudicavam a vida das pessoas que dependiam deles, sendo revoltadamente transformados em versões mais libertadoras de si mesmos.

O fato de boa parte disso ter sido potencializado pelo uso de substâncias psicoativas ou alucinógenas – maconha, LSD, MDMA – certamente causou a desaprovação da sociedade dita civilizada. No entanto, isso também reflete o estado mental que aqueles participantes quiseram alcançar. Não apenas por meio da consciência alterada, mas também pelo ritmo compartilhado e, como consequência, a consciência partilhada, transcendendo o tédio do trabalho e a enfadonha uniformidade das mercadorias.

Baseando-se em Herbert Marcuse e adotando o termo de Mark Fisher, Matt Colquhoun propõe o termo "razão psicodélica", se distanciando de várias definições vazias e levianas que estão relacionadas ao "psicodélico" hoje em dia.

Nesse sentido, essa é a primeira função da psicodelia. Mesmo considerando sua forma estética mais popular, que inclusive permanece relevante no momento atual, é a própria palavra que conta. Para além de todas as suas possibilidades estéticas, o que a palavra sugere mesmo é a manifestação do que está profundamente enraizado na mente, não apenas na superfície. A palavra "psicodélico" representa uma fusão incomum do prefixo moderno em inglês *psyche* com a raiz grega mais evidente *dēlos*, que significa "manifestar" ou "revelar". Portanto, o psicodélico é aquilo que revela o que está na mente, ecoando o adágio spinozista de Marx de que não devemos nos limitar a interpretar o mundo, mas sim nos esforçar para transformá-lo.[84]

Embora seja um exagero atribuir esse tipo de consciência à cena rave como um todo, é inegável que ela está no seu cerne. É claro que as substâncias psicoativas desempenharam seu papel. Igualmente importante, no entanto, foi a sensação coletiva de êxtase gerada pelo ritmo partilhado e pela dinâmica sonora transcendental, a dissolução do ego e a busca por algo semelhante ao ideal hippie de "unidade". Em um ambiente assim, era fácil imaginar as paredes da boate, do galpão ou da fábrica sendo reconstruídas, ou até mesmo desaparecendo por completo, em prol de algo que enriquecesse a vida de forma mais profunda.

A celebração desse espaço e tempo, dessa atmosfera alegórica, não deve ser desprovida de críticas ou ressalvas. É possível pontuar várias situações em que tais espaços se mostraram perigosos para mulheres, pessoas não binárias, *queer* e pessoas não brancas. Essas preocupações não devem ser ignoradas, e os esforços dos membros da cena para tornar

---

[84] Matt Colquhoun. "Introduction". In: Mark Fisher. *Postcapitalist Desire: The Final Lectures*. Londres: Repeater, 2021, p. 14.

esses espaços seguros devem ser fortalecidos. Tal ponto é especialmente crucial porque todo o *ethos* da razão psicodélica, de reimaginar as relações consigo mesmos, com os outros e com a visão de um mundo além da subjugação, colide diretamente contra o preconceito, o racismo e a misoginia.

Dizem que, nos anos 1960, as elites temiam que a classe trabalhadora se tornasse hippie.[85] Essa mesma sensação existe com relação à cena rave. Nos Estados Unidos, o foco da guerra às drogas mudou no intuito de criar uma indignação pública coletiva sobre o uso de drogas em raves ilegais. A polícia de Chicago começou a proibir festas após o horário regular e a revogar as licenças de álcool dos locais das festas. Aqueles que desafiavam a proibição eram alvo de operações policiais. A mesma situação ocorreu em Nova York, Detroit e outras cidades.

No Reino Unido, os jornais sensacionalistas espalhavam histeria ao afirmar que traficantes de ecstasy e usuários de ácido propositalmente atraíam a juventude da Inglaterra para uma vida de depravação e abuso de drogas. Manchetes como "Horda enlouquecida de drogados ataca a polícia" no jornal *News of the World* e "Invasão de ácido: 3 mil usuários de drogas botam operação policial para correr em festa" no *Sun* eram comuns, insinuando que os traficantes de drogas continuavam impunes. A imagem pintada era a de uma cena que supostamente representava uma ameaça à própria estrutura de uma sociedade respeitável. O éden dos *ravers* era retratado como

---

[85] Essa observação é feita por Matt Colquhoun na introdução de *Postcapitalist Desire*. Embora simplista, ela aponta para o que poderia ter acontecido se a filosofia antitrabalho da contracultura tivesse se encontrado e se combinado com a crescente militância e rebeldia dos trabalhadores industriais nos Estados Unidos e no Reino Unido.

um vórtice instável do apocalipse tão poderoso que conseguia até mesmo desafiar as autoridades policiais.

Outras operações policiais tiveram um resultado mais "positivo". Na década de 1990, foi o Territorial Support Group[86] da Polícia Metropolitana de Londres que acabou com as maiores festas. Como lembrado por Tim Guest, ex-raver e escritor, o TSG também costumava dispersar protestos na cúpula do G20 realizada na cidade em 2009. No auge da campanha contra as raves, até mesmo helicópteros foram vistos pairando sobre a cidade para escoltar os sistemas de som para fora de Londres.

Após o ocorrido em Castlemorton, membros do Parlamento britânico apresentaram propostas de lei destinadas diretamente à cultura rave. A Criminal Justice and Public Order Act[87] de 1994 incluía uma seção que proibia festas ao ar livre, com ênfase particular naquelas que reproduziam música caracterizada "integralmente ou predominantemente pela reprodução de uma sequência de batidas repetitivas". Grupos de dez ou mais pessoas que se juntavam publicamente para participar dessas festas podiam estar sujeitos a prisão e detenção.

O Criminal Justice Act não se limitou a atacar somente os *ravers*. Em seu ostensivo esforço de fortalecer o controle do governo sobre espaços públicos e urbanos, a lei revogou a obrigação dos conselhos locais de fornecer espaços para viajantes e ciganos, aumentou as penalidades legais para "invasores" e afrouxou as restrições nas operações policiais. Não é de surpreender, portanto, que o Criminal Justice Act tenha desencadeado grandes protestos, reunindo dezenas de

---

[86] N.d.T.: Grupo de Apoio Territorial.

[87] N.d.T.: Lei da Justiça Penal e da Ordem Pública.

milhares de pessoas em Londres nos meses de maio, julho e outubro de 1994. Os dois primeiros protestos culminaram em enormes festas ao ar livre. O último foi marcado por uma forte repressão policial.

A repressão da cena rave fez com que seus integrantes chegassem a conclusões políticas mais abrangentes. Essas conclusões não estavam separadas dos princípios estéticos e culturais da cena. Para muitos *ravers*, a sensação de liberdade inegociável que haviam internalizado era significativa demais para ser deixada de lado. Não se tratava apenas do êxtase da sensação em si, o encanto da razão psicodélica, mas também o reconhecimento de que, se o projeto de lei fosse aprovado com sucesso, tudo o que restaria seriam os enfadonhos e repetitivos padrões da vida cotidiana: acordar, ir ao trabalho, voltar para casa, repetir tudo de novo. Acima de tudo, o que não se queria era lembrar de uma vida que evitava o contato olho no olho a todo custo.

"O medo de perder o controle, o receio em relação a estilos de vida alternativos, a intenção de redirecionar a juventude que consumia MDMA de volta para o consumo de álcool visando gerar receita e a enorme oportunidade de negócios inexplorada representada pela cena ilegal das festas, todos foram apontados como fatores por trás da repressão de 1994", escreve Frankie Mullin.[88] Era igualmente impossível ignorar a dimensão racial e o racismo em jogo. A maioria das raves era multirracial, sendo difícil de concluir que o Criminal Justice Act não estava também criminalizando diversos grupos étnicos não brancos.

---

[88] Frankie Mullin. "How UK Ravers Raged Against the Ban", *Vice* (15 de julho de 2014): https://www.vice.com/en/article/vd8gbj/anti-rave-act-protests-20th-anniversary-204.

A repressão e a resistência também fizeram com que *ravers* e artistas passassem a ouvir a música de uma maneira bem diferente. Isso também alterou a maneira como viam a importância dessa música na história. "Uma das coisas interessantes sobre a cena é que você tinha esses *ravers* de classe média que montavam paredões de som em trilhos de trem abandonados e, de repente, eles estavam em confronto com a polícia", disse Anindya Bhattacharya, ativista e DJ baseado em Londres. "Era uma experiência de politização muito rápida. E eles passavam a compreender rapidamente a história da música negra e da cultura negra e por que as pessoas protestavam por isso. Foi interessante ver como as pessoas captaram isso tão facilmente."

Um milhão de futuros arruinados

As datas exatas do declínio da cena rave variam, mas é razoável situá-la mais ou menos na primeira década do século XXI. Até então, uma geração inteira havia crescido entoando o coro de que a sociedade não existia e que, mesmo se existisse, ela não nos devia nada. A vitória do Criminal Justice Act em 1994 e a posterior migração das raves para casas de show "oficiais" e lucrativas, ainda que abrigasse talentos promissores, calhou de obliterar prósperos subgêneros que conferiam à cena tanta diversidade e energia.

Ao escrever para o site *Pitchfork*, Reynolds relembrou o álbum *Untrue,* do produtor e artista Burial, lançado em 2007. Quando *Untrue* foi lançado, as câmeras de vigilância, as leis Anti-Social Behaviour Order (ASBOs), as operações policiais e o fechamento de clubes considerados "ilegais" já haviam alcançado seu objetivo. O que costumava proporcionar aos jovens uma possibilidade de descoberta e união tinha sido completamente desmantelado e jogado ao vento.

Conforme Reynolds escreve, a música de Burial – frequentemente rotulada como "pós-dubstep" – descortina o isolamento e a tragédia. Untrue, inquestionavelmente a obra-prima de Burial, está repleto de percussões contínuas e solitárias, samples e instrumentações fantasmagóricas, vozes humanas soando como não humanas e sons tão densamente produzidos que muitas vezes é possível imaginar que eles são capazes de interferir no nosso subconsciente. Há um sentimento de luto em Untrue, um sutil toque de desesperança que percorre o subterrâneo de todo o disco.

Citando Fisher, Reynolds escreve que a música de Burial é:

> Um saudoso memorial da subcultura britânica das rádios piratas e raves em galpões que se consolidou no final dos anos 1980, evoluiu por estilos mutantes dos anos 1990 como jungle e 2-step garage, e depois se fragmentou em gêneros do século XXI como o grime e o dubstep. Ouvir [o álbum autointitulado de] *Burial*, escreveu Fisher, era como "entrar em espaços abandonados carnavalizados pelas festas raves e encontrá-los novamente abandonados e despovoados. Buzinas de ar silenciadas brilham como fantasmas das raves passadas."[89]

Burial – um jovem do sul de Londres chamado William Bevan mais tarde revelado – era jovem demais para ter participado da cena rave em seu auge. Segundo o próprio, ele foi apresentado à música jungle e garage por seus irmãos mais

---

[89] Simon Reynolds. "Why Burial's Untrue is the Most Important Electronic Album of the Century So Far", *Pitchfork* (26 de outubro de 2017): https://pitchfork.com/features/article/why-burials-untrue-is-themost-important-electronic-album-of-the-century-so-far/.

velhos. No entanto, o sentimento de perda e luto é tão profundo em seu trabalho, especialmente em *Untrue*, que ele nitidamente parece compreender o que foi perdido no exato momento em que a cena começou a se desfazer.

Afinal, não foram apenas as épicas festas que desapareceram. Muito da estabilidade social que havia permitido o florescimento da cultura jovem também desapareceu. Em seu lugar, ficou uma sensação de vazio completo. As "facilidades" que prometeram que levariam a novas oportunidades sem restrições ou regulamentações, na verdade, resultaram em precariedade, isolamento e uma epidemia de saúde mental tão avassaladora que nos fez sentir literalmente o chão desaparecendo. Uma existência na inexistência.

O que provoca tanta ressonância à música de artistas como Burial é um lembrete de que, através desse vazio estilhaçado, certamente existiu algo no passado. E, de uma forma fractal e refratada, esse algo ainda está lá. Mesmo que todas as tentativas de agarrá-lo sejam ilusórias, mesmo que o futuro que ele representava nunca tenha se concretizado, ele ainda poderia ter se concretizado em algum momento. A questão que permanece é: ainda vale a pena considerar esse futuro? Pode ele ser resgatado da memória para uma realidade concreta?

Há, inclusive, um termo para tudo isso, inicialmente cunhado por Jacques Derrida e mais tarde desenvolvido por Fisher: assombrologia. Desde a morte de Fisher em 2017, o termo se tornou amplamente usado e citado, dando origem até mesmo a um ecossistema informal de "estudos de assombrologia" entre teóricos e críticos com certa inclinação punk. É um termo que ganhou razoável aceitação porque consegue capturar um tipo específico de apatia que envolve jovens (e, cada vez mais, não tão jovens assim) da classe trabalhadora no século XXI, especialmente aqueles mais marginalizados. Cada vez mais, assim como somos assombrados por futuros que nunca se concretizaram, também somos nós que perpetuamos esse sentimento de eterna assombração.

Desde o lançamento de *Untrue*, a música de Burial – lançada por meio de uma inconstante sequência de singles e EPs – tornou-se mais abstrata, mais presentemente ausente e absentemente presente. Por vezes, suas músicas abandonam até mesmo uma batida mais básica, trazendo desconexão rítmica e descontinuidade à medida que as memórias de esperanças passadas diminuem cada vez mais que olhamos no retrovisor. Mas algo sempre persiste – mesmo que escondido e despedaçado – algo que nos implora que o seguremos, mesmo que não possa ser tocado. Esse pulsar futurístico é suficiente para nos fazer questionar se algo pode florescer hoje, por mais improvável que pareça. Mesmo no desespero, a imaginação anseia por um futuro.

Manifestações e reelaboração

Escrevendo no auge das revoltas de 1968, o socialista e crítico de arte John Berger abordou o ato de manifestar através do ponto de vista estético. Em vez de isolar o estético do material e do político, ele analisou os protestos através do prisma mais básico do tempo e espaço. Ao fazer isso, ele identificou por que as manifestações são, apesar das incontáveis tentativas de diminuir sua importância, esforços que valem a pena.

É importante ressaltar que Berger faz uma distinção entre a manifestação de massa e a insurreição ou o levante revolucionário, mencionando que a primeira pode se transformar em uma das duas últimas. Berger se refere às manifestações de massa como "ensaios para a revolução". Ele explica:

> A manifestação, uma espécie de evento mutável feito por quem protesta, ocorre nas proximidades do centro da cidade, normalmente usa de incontáveis e diferentes formas. Os manifestantes interrompem o curso normal da vida nas ruas pelas quais passam ou nos espaços abertos que geralmente ocupam. Eles bloqueiam o acesso a essas áreas e, embora ainda não possuam o poder de ocupá-las permanentemente, as transformam em um palco temporário onde performam o poder que ainda não detêm.
>
> O olhar dos manifestantes em relação à cidade ao seu redor também se altera. Ao participarem da manifestação, eles acessam a liberdade, a independência e, de certa forma, se tornam também mais criativos. Mesmo que essa conquista seja meramente simbólica, protestando eles conseguem alcançar, individual e coletivamente, algo para além das suas vidas comuns. Em suas atividades diárias, eles são capazes de modificar apenas as circunstâncias, mas durante a manifestação, eles simbolicamente se contrapõem à sua própria existência.[90]

Certamente podemos estender essa análise para além do que a manifestação aparenta e explorar o que ela faz surgir no campo sônico. Praticamente toda manifestação envolve o uso de cantos, de ritmo e até mesmo de músicas. Ruas, esquinas e calçadas originalmente projetadas para fazer fluir pessoas e carros rapidamente são inundadas por uma quantidade de corpos humanos que não estavam nas intenções

[90] John Berger. "The Nature of Mass Demonstrations", *New Society* (23 de maio de 1968): https://www.marxists.org/history/etol/newspape/isj/1968/no034/berger.htm.

dos planejadores urbanos. Os sons sincronizados ecoam nas altas construções projetadas para proteger seus moradores das influências do mundo exterior, os atraindo para as janelas para observar. O espaço é transformado pela criação em massa de uma noção alternativa de tempo.

Isso não difere muito do auge da cena rave, que também sempre envolve um tipo de voo utópico. Agora, no entanto, o foco está na transformação de algo maior do que apenas um galpão abandonado ou trilhos de trem desativados. Aqueles que costumavam ocupar as margens da cidade agora marcham em direção ao seu centro e à sua imaginação coletiva.

Com certa frequência, quando isso acontece, é também o ritmo, a própria música, que sofre uma transformação. Palavras de ordem são desprovidas de sentido quando seus enunciados permanecem apenas no papel ou nas mentes dos manifestantes. Elas adquirem um significado substancial quando são entoadas em massa, na forma de cantos. É um contexto dramaticamente diferente, criado coletivamente para alterar o significado da própria canção.

Durante a rebelião de 1967 em Detroit – um levante contra a violência policial e as condições sociais sub-humanas enfrentadas pela comunidade negra da cidade – alguns manifestantes usaram seus alto-falantes no topo dos prédios para amplificar a música "Dancing in the Street", de Martha and the Vandellas. A contestação de Martha Reeves com relação ao uso de sua música nesse contexto – "Meu Deus, era uma canção de festa!" – veio tarde demais. Naquele momento, H. Rap Brown e outros militantes negros já haviam começado a usar a música em manifestações. A letra, originalmente tão inofensiva quanto qualquer outra canção *good vibes* da Motown, agora tinha um significado diferente: era necessário usar os tons da celebração para encorpar a militância urbana e recuperar o controle do seu próprio território.

Aqui é onde devemos relembrar figuras como Walter Benjamin, os surrealistas e os situacionistas. Uma coisa é a reelaboração num nível ainda individual, como fez Lautréamont ao colocar um guarda-chuva ao lado de uma máquina de costura ou como faz um produtor de techno ao aplicar um filtro de som distorcido em um ritmo previamente limpo. Outra coisa é partir para a ação coletiva. Tocar a música de Reeves nos telhados enquanto manifestantes enfrentavam a polícia é um ilustre exemplo do que os situacionistas chamavam de *détournement*. Trata-se de pegar algo da "cultura pop", feito para consumo, e refazê-lo de dentro pra fora. Embora os situacionistas tenham principalmente aplicado essa ideia no campo da arte visual – reescrevendo ou reinterpretando anúncios de revistas para subvertê-los –, ela também pode ser usada com sucesso na música. O caso de Detroit mostra que isso acontece muitas vezes de maneira bem orgânica. Não é necessário estar imerso na teoria situacionista do *détournement* para praticá-lo.

Isso também evidencia a diferença – e até mesmo o conflito evidente – entre a temporalidade do que Guy Debord chamou de "a sociedade do espetáculo" e a temporalidade da liberdade plenamente efetivada. Conforme sugerido por Tom Bunyard em *Debord, Time and Spectacle*, superar a imposição do espetáculo, que é "um estado de separação da própria história", exige a abolição da divisão entre arte, trabalho e vida, ansiando "realizar a arte e a poesia no tempo vivido."[91] Recusar o espetáculo, portanto, implica estabelecer

---

[91] Tom Bunyard. *Debord, Time and Spectacle: Hegelian Marxism and Situationist Theory*. Leida: Brill, 2018, p. 363.

um arranjo temporal diferente, um modo de existência distinto que não esteja subjugado pelo repetitivo e monótono ritmo do capital.

Quando um número razoável de indivíduos imprime um ritmo coletivo em oposição às imposições de um espaço autoritário, isso cria uma nova dimensão de possibilidades. O poder econômico, tecnológico e cultural que alienou a música, tornando-a previsível e desviando nossa experiência com ela, é revertido, mesmo que apenas de forma temporária. Através do coletivo, uma temporalidade mais aprazível é estabelecida em grande escala. Assim, as barreiras do tempo e espaço se mostram mais flexíveis.

A cada momento em que essa nova disposição temporal coletiva se estabelece, se cria um *jetztzeit*, algo semelhante ao que testemunhamos no auge da cena rave com a razão psicodélica. Se uma insurgência coletiva nos mostrou ser possível imaginar a reorganização radical do espaço urbano, então a sua (ainda que breve) posterior politização se torna inevitável. A fronteira entre celebração e manifestação se esvai. A eloquente colocação de Lenin sobre a existência de "um festival dos oprimidos" assume então um novo significado.

Isso, por sua vez, é o que torna momentos como aqueles na Praça do Parlamento em 2010 tão significativos e, ao mesmo tempo, ameaçadores para a sociedade burguesa civilizada. Não se trata apenas de redefinir o espaço e o tempo, ambos passam a pertencer aos que foram originalmente excluídos da sua concepção. Assim, espaço e tempo são vividos de um jeito radicalmente diferente. Futuros antes abandonados são ressuscitados e reinseridos nos mesmos lugares que serviram para tamanha marginalização. A pulsão utópica que é nutrida ao criar ou mesmo ao simplesmente ouvir música se torna um imperativo coletivo.

... Como eu cheguei a Ferguson

Essa relação entre espaço e tempo, entre ser e devir, também é o principal *locus* entre música e protesto. Até mesmo o conteúdo lírico fica em segundo plano nessa relação, pois, se a dinâmica sonora de uma música não corresponder à tentativa de mudar o onde e o quando, se não for ativamente definida para esse fim pelo artista ou pelo manifestante, até mesmo as letras mais militantes não terão sentido.

No cerne dessa questão espaço-temporal, encontramos o conflito entre a capacidade da música de nos permitir sonhar com uma vida vivida em um ritmo diferente – guiada por um tempo mais edificante – e os obstáculos concretos e físicos que a vida concreta impõe a esse futuro. A audição individualizada, por meio de serviços de streaming e smartphones, reforça essa dominação do espaço sobre o tempo, isolando o ouvinte. Tirar a música desse estado alienado, a restabelecendo como um bem comum e democrático, desafia as limitações impostas ao nosso cotidiano.

Dessa forma, logo no início do movimento Black Lives Matter, pudemos observar um fenômeno muito interessante pautado no diálogo e na cooperação mútua. Os manifestantes buscaram transformar o ambiente, e, em contrapartida, os artistas enxergaram e captaram de diferentes formas as ações dos manifestantes. Além disso, os esforços desses artistas foram voltados para tornar visível o modo disruptivo do movimento. Por outro lado, os manifestantes tentaram reinterpretar essas obras em um contexto de constante mutação.

Nas primeiras duas semanas de protestos pelo assassinato do adolescente negro Michael Brown pela polícia em Ferguson, Missouri, em 2014, vários artistas se posicionaram em apoio aos manifestantes. Não surpreende que grande parte desse apoio tenha vindo da comunidade hip-hop. Poucos dias após o início dos protestos, a turnê europeia do grupo de rap industrial de Los Angeles Clipping. foi cancelada de última hora. Os membros do grupo, incluindo o MC e letrista Daveed Diggs (antes de seus dias no famoso musical da Broadway, *Hamilton*), e os produtores William Hutson e Jonathan Snipes (ambos veteranos da cena *noise* experimental de Los Angeles), se reuniram no estúdio para gravar uma nova faixa.

A música do Clipping. sempre foi uma espécie de experimentação em cima da austeridade. Uma crítica uma vez descreveu as faixas do grupo como "oriundas de uma boate a que você desejou jamais ter ido". Eram faixas musicalmente e liricamente agressivas. Os membros do Clipping. sempre foram abertos sobre as contradições que exploravam, ao mesmo tempo que adotavam e desafiavam as expectativas e convenções do rap. Naquele dia, eles tinham Ferguson em mente.

"Cada um de nós havia passado vários dias acompanhando as notícias dos protestos em Ferguson, Missouri", escreveu Hutson. "Não conseguíamos pensar em mais nada, então decidimos canalizar nosso medo, nosso horror, nossa tristeza em uma faixa nova."

O resultado foi "Knees on the Ground", que Hutson descreveu como "um conto arquetípico de um policial-branco-matando-um-jovem-negro-desarmado-e-saindo-impune. Uma história que acontece o tempo todo nos Estados Unidos". É uma música que certamente desorienta, embora não mais que a angústia causada pela negligência sistêmica, ou a raiva que ela tenta conter.

A revolta em Ferguson mostrou como essa cidade de pequeno porte representava de forma emblemática o modo como as cidades nos Estados Unidos segregam suas populações marginalizadas.

Assim como ocorreu com o restante da região do decadente cinturão industrial, a maioria dos empregos bem remunerados na área havia desaparecido. Cinquenta anos antes, Ferguson era uma cidadela confortável, predominantemente habitada por brancos da classe média. No entanto, a falta de empregos e de investimento transformou a cidade em uma espécie de abatedouro legalizado. Na época do assassinato de Mike Brown, 67% dos residentes de Ferguson eram negros, com um índice de pobreza duas vezes superior à média nacional. Após os protestos, ficou cada vez mais evidente que o departamento de polícia da cidade – como em tantas outras cidades – patrulhava as áreas mais pobres com o objetivo de aplicar multas pesadas aos moradores, gerando receita para a prefeitura de Ferguson.[92]

"Se a cultura do blues se desenvolveu sob as condições do trabalho forçado na escravidão", como escreveu Jeff Chang em *Can't Stop, Won't Stop*, "a cultura do hip-hop surgiria da total ausência de empregos". Se existisse uma indústria potente em Ferguson, acompanhada de um movimento trabalhista e sindical forte, seria fácil imaginar greves gerais como parte dos protestos. No entanto, a vida em Ferguson havia se tornado imprevisível, tensa e muito fora do compasso – com o

---

[92] Campbell Robertson. "A City Where Policing, Discrimination and Raising Revenue Went Hand in Hand", *New York Times* (4 de março de 2015): https://www.nytimes.com/2015/03/05/us/us-details-a-persistent-pattern-of-police-discrimination-in-a-small-missouri-city.html.

movimento trabalhista em um estado de desmoralização geral. Só diante de tantas variáveis é que esse tipo de situação pode acontecer. A música "Knees on the Ground", do Clipping., tratou tais condições de forma literal. Não há um ritmo discernível na música. Embora as letras de Diggs sejam rimadas numa cadência quase robótica, o único elemento percussivo existente é o som do policial batendo na sua porta da frente. No refrão, todos os ritmos desaparecem e só restam as notas abatidas de uma vida tentando nadar contra a corrente.

> *Times have made a choice of what*
> *to keep and what to throw away*
> *Everything ingrained comes to a point so sharp,*
> *could cut a piece a day*
> *And it bleeds on the ground, keep your knees on the ground,*
> *where they belong*
> *Keep your knees on the ground, where they belong.*[93]

A poeta experimental e artista de noise Moor Mother leva esse desprendimento rítmico a um grau ainda mais extremo na caótica faixa "Creation Myth", parte de seu álbum de estreia *Fetish Bones*. Moor Mother, cujo nome verdadeiro é Camae Ayewa, é uma das integrantes do coletivo Black Quantum Futurism, com sede na Filadélfia. Esse coletivo, por meio da arte, literatura, música e ação política, busca construir uma práxis política explicitamente afrofuturista. O BQF rejeita o que identifica como sendo concepções eurocêntricas de

---

[93] Tradução: "Os tempos fizeram a escolha do que manter e do que descartar / Tudo é tão agudamente enraizado, poderia cortar um pedaço por dia / E isso sangra no chão, mantenha seus joelhos no chão, aonde eles pertencem / Mantenha seus joelhos no chão, aonde eles pertencem".

espaço e tempo. Naturalmente, essa abordagem se reflete na composição de *Fetish Bones*.

"Eu estudei todos os motins raciais que pude encontrar", disse Ayewa ao *Quietus*,

> […] essa foi realmente a primeira etapa na escrita do poema, envolvendo pesquisa extensiva e leitura, em vez de apenas fazer uma pesquisa no Google em um único dia e sentir que tinha todas as informações… O fluxo da história ocorre naturalmente; condensá-lo foi um desafio, mas a maneira como ele fluiu foi extremamente interessante. A linha do tempo é não linear e *queer*. Alguns dos mesmos eventos estão ocorrendo novamente e alguns deles poderiam facilmente ser eventos recentes.[94]

Afirmar que "Creation Myth" possui uma percussão é apenas reconhecer que a música atinge o ouvinte com uma cacofonia irregular de batidas e chiados. É o som do tempo ordenado sendo rasgado fora, criando uma fenda na qual irrompe toda a violência racial que assombra a história. Em um poema de ruído áspero tão agressivo, Ferguson se torna o ponto culminante.

> *I've been bleeding since 1866*
> *Dragged my bloody self to 1919*
> *And bled through the summer being slaughtered by whites*
> *A flux of chaos came after…*
> *And by the time I got to Watts*
> *I was missing most of my limbs*
> *Still had enough blood in my throat to gargle up nine words*
> *I resist to being both the survivor and victim…*
> *Some of us did just die while giving birth*

[94] Elizabeth Aubrey. "Time Doesn't Feel Like a Linear Progression' – Moor Mother Interviewed", *Quietus* (17 de abril de 2017): https://thequietus.com/articles/22207-moor-mother-interview.

> *While protesting for the freedom of our sons*
> *And only God knows how I made it to Ferguson.*[95]

Tanto "Creation Myth" quanto "Knees on the Ground" são exemplos marcantes de artistas capturando as temporalidades à deriva da violência racial, do trauma psíquico e da sistemática precariedade econômica. Ambas as músicas tentam remodelar e dar uma forma concreta a uma longa trajetória de tragédias e à tentativa desesperada de rompê-la. Nesse caso, é o som e a sensação da revolta que penetram nas mentes e processos criativos dos artistas, com a ruptura histórica se materializando no ritmo. No entanto, como já colocamos, essa relação vai em todas as direções possíveis: é aí que o próprio protesto reinterpreta a música.

A música "Hell You Talmbout" foi claramente feita para ser usada durante uma marcha. Sua única instrumentação é uma linha de percussão de uma banda marcial. Elaborada pela artista de soul psicodélico Janelle Monáe e contando com membros da Wondaland Arts Society,[96] a letra é simples: os nomes de pessoas negras mortas por policiais e guardas racistas – Trayvon Martin, Aiyana Jones, Michael Brown, Eric Garner, Sandra Bland. A única exigência

---

[95] Tradução: "Tenho sangrado desde 1866 / Arrastei meu corpo ensanguentado até 1919 / E sangrei durante o verão, sendo massacrada por brancos / Um fluxo de caos veio depois… / E quando cheguei a Watts / Estava faltando a maior parte dos meus membros / Ainda tinha sangue suficiente na garganta para murmurar nove palavras / Eu resisto a ser tanto sobrevivente quanto a vítima… / Alguns de nós simplesmente morreram durante o parto / Enquanto protestavam pela liberdade de nossos filhos / E somente Deus sabe como eu cheguei a Ferguson."

[96] N.d.T.: Gravadora e produtora audiovisual, denominada como uma comunidade para contadores de histórias em música, TV/filme, moda, design, literatura e outras expressões artísticas.

ressaltada na letra é que "digamos seus nomes". Não é por acaso que soa como algo que pode ser (e é!) entoado.

Um exemplo ainda mais marcante é a música "Alright", de Kendrick Lamar, o quarto single do álbum *To Pimp a Butterfly*. O clipe da faixa, que mostra Lamar primeiro sendo levado em um carro por policiais e, depois, dançando no alto de postes de luz antes de ser baleado por um policial, deixa claro que Lamar tinha a violência policial e a resiliência negra em mente. No entanto, o que parece ter consolidado essa conexão foi a resposta dos organizadores do Movement for Black Lives (M4BL) à presença da polícia em sua conferência na Universidade Estadual de Cleveland em julho de 2015.

Quando a polícia de trânsito próxima ao campus prendeu um jovem negro de 14 anos, supostamente por embriaguez em um ônibus, os membros do M4BL cercaram a viatura em que ele estava detido. A polícia respondeu com spray de pimenta. No entanto, os manifestantes não se dispersaram. Em vez disso, começaram a entoar o refrão da música de Kendrick Lamar: "*We gon' be alright! We gon' be alright!*"[97] Uma rua da cidade que, em outra situação, teria retomado rapidamente sua rotina entediante, foi, em vez disso, completamente paralisada. A polícia, cuja usual abordagem violenta é completamente naturalizada no dia a dia, foi cercada e apontada pelas pessoas mais vulneráveis como um obstáculo para um futuro digno.

Neste ponto, finalmente, testemunhamos o impulso utópico da música sendo resgatado e apreciado. Seu ritmo, sua capacidade de significar o controle do tempo pelas pessoas comuns, é coletivamente abraçado, reinterpretado a partir das bases e transformado em uma arma contra a predominante morte social.

[97] Tradução: "Vamos ficar bem! Vamos ficar bem!"

REVOLTA CONTRA O EXTERMÍNIO: UMA CODA

Na época de Homero, a Humanidade oferecia-se em espetáculo aos deuses olímpicos, agora, ela se transforma em espetáculo para si mesma. Sua autoalienação atingiu o ponto que lhe permite viver sua própria destruição como um prazer estético de primeira ordem. *Eis a estetização da política, como a prática do fascismo. O comunismo responde com a politização da arte.*

Walter Benjamin,
"A obra de arte na era de sua reprodutibilidade técnica"[98]

Enquanto o espaço e o tempo separarem você de quem você ama... O amor simplesmente não terá escolha a não ser entrar em batalha com o espaço e o tempo e, além disso, vencer.

James Baldwin

Cantando em tempos sombrios

Março de 2020. O mundo já havia sido alertado sobre o Coronavírus. Nós vimos a doença chegando. Mas, com a maioria dos governos despreparados ou criminosamente indiferentes,

---

[98] Trecho retirado do ensaio traduzido em português por José Lino Grünnewald e publicado em *A ideia do cinema*, Rio de Janeiro: Civilização Brasileira, 1969, e na coleção *Os pensadores*, da Abril Cultural, é a segunda versão alemã, que Benjamin começou a escrever em 1936 e só foi publicada em 1955.

pouco podíamos fazer senão observar a sua propagação. O vírus estava na porta de todos que tinham uma casa. Alguns países fecharam mais rapidamente do que outros, mas, no fim, todos optaram por tomar a mesma decisão.

O Apocalipse, na língua cada vez mais dramática dos cientistas do clima, de repente pareceu muito real. O que sabíamos sobre nossa psique estava se aproximando da realidade. Fotos de valas comuns em Hart Island, em Nova York, chegaram às nossas telas. Depois vieram as tentativas de amenizar o pânico. Argumentaram que, na verdade, já existia um cemitério de oleiros em Hart Island desde 1860, com mais de 1 milhão de cadáveres de indigentes enterrados lá. Mesmo com a correlação óbvia, continuamos ainda sem resposta sobre qual tipo de sociedade precisa de milhares de covas resguardadas no completo anonimato.[99]

As fotos tiradas da Itália eram igualmente aterrorizantes. Para muitos, o país parecia petrificado ao se afundar nas profundezas de uma nova praga. Notícias de pessoas isoladas em suas casas junto dos corpos de familiares mortos por dias a fio eram propagadas. O mesmo aconteceu com fotos de comboios de caminhões do exército carregando um número incontável de mortos.

E então, felizmente, apareceram também vídeos dos italianos em suas varandas cantando um pouco de esperança. Às vezes eram vozes solitárias, às vezes faziam parte de um grupo e ocasionalmente tinham acompanhamento musical.

---

[99] N.d.T.: O autor faz referência a Hart Island, uma ilha na cidade de Nova York que foi usada como cemitério penal desde o final do século XX e onde mais de 1 milhão de corpos de indigentes estão enterrados. Esse campo era mantido em segredo pelo governo e apenas quando houve o boom de mortes pela Covid, veio à tona.

Uma música pareceu chamar atenção ao passear pelas ruas vazias de Roma: "Bella Ciao".

Muito antes de seu uso na popular série policial espanhola *La Casa de Papel* tornar esta música mundialmente reconhecível, "Bella Ciao" já tinha uma história. Como tantas canções folclóricas, seus autores são desconhecidos, sua forma atual surgiu após décadas de modificações, versos e melodias foram acrescentadas ao longo dos anos por este ou aquele cantor desconhecido. De acordo com Jerry Silverman em *Songs that Made History Around the World*, as primeiras versões da canção remontam às mulheres que trabalhavam nos arrozais do Vale do Rio Pó, na Itália, no final do século XIX. Sua letra original criticava o trabalho árduo, os baixos salários e os patrões controladores.[100]

Na década de 1940, durante os últimos dias do regime fascista de Mussolini, a letra foi reaproveitada para contar os feitos dos partisanos antifascistas. Até hoje, em alguns setores conservadores da sociedade italiana, cantar "Bella Ciao" é visto como ofensivo ou de mau gosto. Tal fato diz bastante sobre como a história do país e do fascismo ainda é um tabu em algumas partes do território, fato que, inclusive, se tornou uma pauta importante para a nova esquerda italiana. E realmente, cantar "Bella Ciao" nas ruas vazias de Roma soava como uma assombração, algo que deveria estar morto, mas não está. Seus tons são ao mesmo tempo melancólicos e insubmissos, insistindo na beleza mesmo diante da morte.

E se io muoio da partigiano
O bella ciao, bella ciao, bella ciao, ciao, ciao

---

[100] Jerry Silverman. *Songs That Made History Around the World*. Fenton: Mel Bay Publications, 2011, p. 43.

> *E se io muoio da partigiano*
> *Tu mi devi seppellir*
> *E seppellire lassù in montagna*
> *O bella ciao, bella ciao, bella ciao, ciao, ciao*
> *E seppellire lassù in montagna*
> *Sotto l'ombra di un bel for*[101]

A invocação de uma célebre canção folclórica antifascista durante a disseminação de uma praga se revelou apropriada. Hoje é evidente como os governos não souberam lidar com a pandemia. As cenas dos protestos antilockdown da classe média branca – literalmente recorrendo ao sacrifício das pessoas da classe trabalhadora para que os ricos pudessem manter suas casas de veraneio intactas – foram suficientemente aterrorizantes. Ainda mais assustador foi a pouca resistência que encontraram. Em paralelo, esse comportamento foi bem recebido nos centros de poder, inclusive nos mais altos cargos: Donald Trump, Rodrigo Duterte, Narendra Modi, Jair Bolsonaro e Viktor Orbán. A oposição liberal e centrista pouco fez para além da já empobrecida retórica de sempre. Na maioria das vezes, não conseguiu nem mesmo ser uma oposição, falhando em firmar um compromisso com a cura e o acolhimento da população.

Ainda é chocante para muitos de nós que esse tipo de crueldade não seja apenas tolerada, mas também compreendida e apoiada. O capital há muito tempo vem mascarando a sua inata pulsão de morte. Não que em algum momento ele tenha tido algum cuidado em esconder sua face, mas parece

---

[101] E se eu morrer como um defensor / E se eu morrer como um defensor / O bella ciao, bella ciao, bella ciao, ciao, ciao / Terão de me enterrar / Então me enterre na montanha / O bella ciao, bella ciao, bella ciao, ciao, ciao / Então me enterre na montanha / À sombra de uma flor resplandecente.

que agora essa máscara já não é mais necessária. Os terríveis e desumanos acontecimentos dos últimos anos – o desdém pela dignidade e pelo pacto democrático básico, os aplausos a céu aberto à violência e à morte – são simplesmente o capitalismo mostrando um pouco mais os dentes.

Em 1980, E. P. Thompson cunhou o termo "exterminismo". O experiente teórico marxista estava naquela época fortemente ativo na Campanha pelo Desarmamento Nuclear. Para ele, a aniquilação atômica de Hiroshima e Nagasaki pelas forças americanas em 1945 foi "o primeiro anúncio de uma tecnologia exterminista."[102] O exterminismo, como o termo indica, é a vontade de um sistema de se desfazer das suas populações excedentes, de devastar grandes áreas do planeta, transformando regiões inteiras em zonas de sacrifício. Na opinião de Thompson, a dominação dos seres humanos pelo tempo do relógio, que ele havia identificado em "Tempo, disciplina de trabalho e capital", agora se inclinava na direção da obliteração.

O ano de 1945 é também chave para nós aqui. Muitos cientistas do clima o consideram como sendo o ano inaugural do Antropoceno. Qualquer sistema disposto a dividir um átomo em prol da destruição em massa é facilmente capaz de desfazer o equilíbrio ecológico terrestre em prol do crescimento econômico. O alargamento da fenda metabólica que deu origem a padrões climáticos cada vez mais desordenados, como enchentes, furacões, secas, foi também o que permitiu que o Coronavírus se espalhasse pela população humana.

Obviamente as mudanças climáticas e a nova praga afetam desproporcionalmente os anacronizados, aqueles que

---

[102] E. P. Thompson. "Notes on Exterminism, the Last Stage of Civilization", *New Left Review*, n. 121 (maio/junho 1980): https://www.versobooks.com/en-gb/blogs/news/3022-notes-on-exterminism-the-last-stage-of-civilization.

não têm direito a nada: trabalhadores, pobres, pessoas não brancas, imigrantes sem documentos, pessoas com deficiência e imunocomprometidos, e aqueles que estão fora as normas conservadoras de sexo e gênero. E quem detém o poder – sejam eles líderes políticos ou tropas de choque nas ruas – está cada vez mais ansioso para jogar essas populações na máquina de sacrifício. Eles estão dispostos a serem a infantaria dessa pulsão, eles querem transformar a ideia em realidade.

Nesse sentido, o exterminismo não depende somente de armas nucleares, mudanças climáticas ou pragas, mas sim do desequilíbrio das forças sociais. São, nas palavras de Thompson, "as características de uma sociedade – expressas, em diferentes graus, na sua economia, na sua política e na sua ideologia – que a empurram numa direção cujo resultado deve ser o extermínio de multidões."[103]

Exterminismo e fascismo estão interligados. A pulsão psicológica de massa em relação ao primeiro é organizada e transformada em arma política no segundo. Essa pulsão está sempre presente, inerente ao DNA do capitalismo e do império, sendo a sua essência amplificada em cada região conquistada e cada minuto dominado por aqueles que detêm o poder. Aimé Césaire, em *Discurso sobre o colonialismo*, escreve que o que acontece aos marginais e anacrônicos eventualmente se volta ainda mais para dentro, atingindo até mesmo o trabalhador mais seguro:

> Surpresa e indignação. E as pessoas dizem: "Que estranho! Mas ah! É o nazismo, vai passar! E esperam; e se mantêm caladas diante da verdade: que é uma barbárie, mas a barbárie

[103] Ibid.

> suprema, aquilo que resume o que coroa, aquilo que resume o caráter cotidiano das barbáries; que é nazismo, sim, mas que antes de serem suas vítimas, foram cúmplices; que esse nazismo, toleraram antes de sofrê-lo; absorveram-no, fecharam seus olhos e o legitimaram, porque, até então, havia sido aplicado apenas a povos não europeus; cultivaram esse nazismo, ele é sua responsabilidade; e ele gotejava, escorria, penetrava antes de engolir em suas águas avermelhadas, por todas as fendas a civilização ocidental e cristã.[104]

Isso não quer dizer que todas as pessoas trabalhadoras e pobres sejam agora forçadas a lidar com os mesmos níveis de violência sistemática que o trabalhador imigrante, o trabalhador *queer* ou os trabalhadores não brancos. Somente indica que, depois de passado certo período de tempo, qualquer vida da classe trabalhadora é descartável.

Mais uma vez, somos obrigados a enfrentar a realidade de tamanha perversidade. No fascismo ou num autoritarismo mais banal, essa é a nossa paisagem política: uma cultura da crueldade e do individualismo, das geografias da morte e das temporalidades do desespero.

Navios a naufragar

Foi um mês após a eleição de Donald Trump nos Estados Unidos. Os noticiários mostravam um incêndio em Oakland, na Califórnia, num local que abrigava residências artísticas, espetáculos e exposições, conhecido como Ghost Ship. Na

---

[104] Aimé Césaire. *Discurso sobre o colonialismo*. São Paulo: Veneta, 2020. p. 18. Traduzido por: Claudio Willer.

noite do incêndio, a gravadora independente de house 100% Silk tinha organizado uma festa no local. Quando as chamas foram finalmente controladas, 36 pessoas tinham morrido. A maioria eram artistas ou músicos, alguns estudantes, muitos eram queer ou trans, muitos eram negros.

Alguns dos artistas que perderam a vida no episódio compartilhavam histórias de vida em comum. Cash Askew, então com 22 anos, integrava a banda sombria de dream pop Them Are Us Too, que assinou contrato com a gravadora independente Dais Records em 2014 e fez uma turnê nacional. Joey Casio, ex-namorado da baterista da banda Bikini Kill, Tobi Vail, foi uma grande influência na criação de sons que misturavam o electro e o punk.

Uma tragédia como a do *Ghost Ship* só acontece devido a uma junção terrível de fatores. O primeiro é a gentrificação. Tal como aconteceu em Detroit e em muitas outras cidades em processo de desindustrialização, os armazéns e indústrias abandonadas da Bay Area foram transformados em espaços residenciais e estúdios de baixo custo. Isso ocorreu em parte por necessidade, reflexo do enfraquecimento do financiamento público americano destinado às artes. Ainda assim, funcionou por um tempo – isto é, até o momento que esses lugares se tornaram uma espécie de "moda" e a burguesia tomasse de volta os centros das cidades. Como as demandas burguesas precisam ser sempre atendidas, o aumento dos aluguéis, o supradesenvolvimento da região e o crescimento do policiamento se tornaram inevitáveis.

O resultado desse processo de gentrificação atraiu a já conhecida desonestidade daqueles que só pensam em dinheiro e transformou as poucas comunas artísticas ainda existentes em armadilhas mortais. O *Ghost Ship* tinha cerca de vinte residentes, todos artistas que viviam e trabalhavam lá. Com poucos extintores, não havia sistema de combate a incêndio funcionando. Além disso, o "principal locatário", responsável pelo local, era conhecido por seu comportamento negligente. O fato de ele cobrar apenas entre trezentos e seiscentos dólares por mês pelo aluguel em uma cidade onde o preço médio de um quarto custa mais de 2 mil dólares, no entanto, lhe poupou das devidas denúncias.

A revista *Rolling Stone* relatou nos dias que se seguiram ao incêndio:

> Os residentes destas comunidades artísticas, que funcionam ao mesmo tempo como lar e local de trabalho, muitas vezes vivem com medo de perder estes espaços. Há grande receio e os residentes são impedidos de denunciar as condições inseguras e precárias de vida, fato que poderia facilmente culminar na interdição do espaço caso não estivesse de acordo com as normas de funcionamento.[105]

Enquanto as cenas artística e musical locais viviam o luto, a extrema direita viu uma oportunidade. Grupos neofascistas começaram a compartilhar online as seguintes mensagens:

> Esses lugares são viveiros de esquerdismo e degeneração e agora VOCÊ pode detê-los denunciando às autoridades, especialmente o Corpo de Bombeiros, se você esteve em um ou tem conhecimento sobre [sic].
>
> Observe-os e siga-os até seus pontos de encontro. Infiltre-se nos círculos sociais, vá a festas/eventos, registre evidências e

---

[105] "Inside Oakland Ghost Ship Warehouse Before the Fire", *Rolling Stone* (5 de dezembro de 2016): https://www.rollingstone.com/music/music-lists/inside-oakland-ghost-ship-warehouse-before-the-fire-109288/messy-collection-109883/.

denuncie. Eles estão em fuga, mas precisamos agora destruir seus ninhos antes que eles possam se reagrupar!

MAGA [Make America Great Again],[106] meus irmãos, e boa caçada!

Essas mensagens foram sobretudo uma ameaça vazia, mas também refletiram como a política espacial bélica do fascismo se espalhou rapidamente. Fascistas cheios de confiança estão sempre envolvidos numa guerra por território, sempre procurando o próximo espaço, não tanto para governar, mas para prender, oprimir e violentar. Todos os cidadãos dissidentes ou indesejados devem obedecer – para onde ir, quando ir, como ser – ou serão eliminados do espaço. Se o resultado disso significa que esses territórios vão ser transformados em uma terra completamente morta e infrutífera, então que assim seja.

Embora nada de concreto tenha resultado dessas ameaças de ataques aos espaços artísticos independentes, é possível ver esse mesmo imperativo nas ações da extrema direita estadunidense nos meses e anos seguintes. Há casos em Charlottesville e Long Beach ou mesmo envolvendo a invasão de prédios oficiais, como em Michigan, Flórida, Califórnia, em todos esses incidentes existe uma exigência pela dominação espacial. E, quer os seus gados saibam ou não, trata-se de um movimento que opera em terreno fértil, fornecido pela mesma ordem liberal que eles tanto rejeitam.

Em *Quatro futuros*, se utilizando da perspectiva de Thompson, Peter Frase vê as sementes do exterminismo germinando nas geografias neoliberais dos privilegiados: o condomínio fechado, o triplex, o bunker de luxo de 3 milhões de dólares,

---

[106] Faça a América grande novamente.

com direito a piscina e adega. Esses são espaços que estão sendo construídos a todo momento por uma parcela considerável daqueles que possuem muito dinheiro. Boa parte desse grupo se autoproclama como tolerante, inclusivo, eleitor da centro-esquerda (desde que os impostos não sejam aumentados). Nada disso torna o seu espaço menos violento ou opressivo.[107]

Peter Frase chama tais espaços de "gulags invertidos",[108] concebidos não para manter os dissidentes e desprezados em um confinamento compulsório, mas sim para exilá-los num planeta desfalecido e com recursos cada vez mais escassos. São espaços protegidos do apocalipse em câmera lenta que acontece atualmente. Que venha a destruição em qualquer que seja a sua forma, e lá estarão as planejadas e herméticas ilhas flutuantes de lazer, propositalmente indiferentes aos desastres que acontecem do lado de fora. Tais espaços, onde a história nunca aconteceu e nunca precisou terminar, estão atraindo cada vez mais a atenção dos ricos e poderosos. Com a ascensão do que hoje chamamos de "ecofascismo",[109] disposto a acumular recursos somente para aqueles considerados mais merecedores, a gulag invertida encontrou seus principais apoiadores.

---

[107] Peter Frase. *Quatro futuros: a vida após o capitalismo*. Trad. Everton Luís Lourenço. São Paulo: Autonomia Literária, 2020.

[108] N.d.T: Gulag é reconhecido como um importante instrumento de repressão política na União Soviética. Os campos abrigavam uma vasta gama de condenados, desde pequenos criminosos a presos políticos.

[109] N.d.T: Ecofascismo é uma linha de pensamento que está diretamente ligada com pensamentos da extrema direita mundial, que se utilizam de discursos ambientais como forma de justificar pensamentos odiosos.

Decreto digital

Mais uma vez, à medida que os espaços físicos destinados à manifestações criativas são espremidos até a inexistência, os espaços virtuais – de propriedade privada, rigorosamente controlados, perfeitamente adaptados à captura e à financeirização do desejo – assumem o seu protagonismo. O resultado, uma síncope perversa com a arritmia da cidade autoritária, consegue o que muitas tentativas de repressão direta não conseguem: o consentimento para a exploração.

Deveríamos pensar, urgentemente, mais uma vez, em Walter Benjamin, desta vez no seu livro *A obra de arte na era de sua reprodutibilidade técnica*. Nele, Benjamin observa a forma como o fascismo organiza ritmicamente as massas populares contra a sua própria liberdade. Ao descrever as enormes manifestações em que multidões de homens, mulheres e crianças aparecem juntos dos braços acolhedores de um tirano, um *führer*, Benjamin vê a pulsão imaginativa dos povos desviada não para remodelar o mundo, mas para a ilusão de que alguém poderia remodelá-lo para eles. Esta é a estetização da política. "As massas têm o direito de exigir a mudança das relações de propriedade", escreve Benjamin, "o fascismo procura lhes dar uma expressão enquanto preserva a propriedade."[110]

O algoritmo, que gera lucro ao isolar o consumidor-usuário e cria desejos sem sentido ao mesmo tempo, é perfeitamente adequado para isso. Seria exagerado descrever o algoritmo como sendo naturalmente fascista. No entanto, da mesma forma que os ataques autoritários do neoliberalismo têm

---

[110] Walter Benjamin. "The Work of Art in the Age of Mechanical Reproduction" (1936): https://www.marxists.org/reference/subject/philosophy/works/ge/benjamin.htm.

destruído a coesão social de forma suficientemente consistente fazendo com que o fascismo encontre uma abertura, também é fácil para a extrema direita explorar a nossa existência solitária nas redes.

É possível claramente ver e ouvir isso no que aconteceu dentro de um gênero como o vaporwave quando os anos de governo Trump começaram. Durante a década de 2010, o vaporwave carregava consigo uma ironia inconfundível, cujo impacto era amplamente dirigido contra a cultura de consumo do capitalismo tardio. O gênero floresceu principalmente em comunidades e fóruns virtuais. Se os bens de consumo online se tornaram um grande shopping center, então os artistas que foram pioneiros no som e nessa estética – Oneohtrix Point Never, James Ferraro, Vektroid e os muitos outros pseudônimos de Ramona Xavier – se apoiaram neste clichê até rebentar as suas próprias costuras.

Nascido a partir de subgêneros eletrônicos experimentais como hypnagogic pop e chillwave, o vaporwave já se estabeleceu tendo o psicodélico como característica mandatária. Seu aprimoramento e fusão com sons e gêneros altamente artificiais – smooth jazz sintetizado, barulhinhos de computador dos anos 1990, trilhas sonoras de videogame dos anos 1980, arte hiper-neon e, sim, muzak – foram distorcidos e dobrados uns nos outros. Suas melhores músicas satirizam um mundo de impasse histórico e mercantilização compulsória. Até mesmo o nome do gênero, vaporwave, evoca a noção de futuro arruinado e assombrado, sendo *vaporware* o termo para um produto tecnológico prometido que nunca chega ao mercado.

"Esses artistas", escreve Grafton Tanner em *Babbling Corpse*, "são céticos em relação à promessa do capitalismo de nos redimir em nome dos bens materiais e da nostalgia que paira sobre uma era obcecada pelos clichês da história."[111] Em outras palavras, no âmbito do sistema sintético, há um desejo obscuro pelo real, dentro dos sons do passado, um caminho alternativo que, com o arranjo certo, se torna chocantemente visível.

Não muito depois da eleição de Trump, surgiu uma separação curiosa. Fashwave: vaporwave para fascistas. Artistas como Xurious e o "originalíssimo"[112] Cyber Nazi produzem músicas como "Galactic Lebensraum", "Team White" e "Death to Traitors", colocando suásticas e imagens de marchas fascistas em seus vídeos. Já existindo há alguns anos nos cantos mais obscuros da internet, o fashwave foi empoderado pela eleição de Trump, atingindo um público maior que o usual.

Em termos de som, não há muito o que diferencie essas músicas de suas contrapartes não fascistas. Exceto por um ingrediente: a ironia. Se não é usada de um jeito muito diferente, em muitos casos ela é quase inexistente. Assim como os fascistas contemporâneos performam uma violência despropositada que é inerente à sua política, os artistas do *fashwave* batem disfarçadamente na sua audiência, legitimando-se ao provocar indignação no mundo unidimensional do discurso online. Penn Bullock e Eli Perry escrevem que o fashwave:

> [...] explora uma vulnerabilidade no vaporwave: sua ambivalência em relação aos detritos culturais que o inspiraram. Esta tensão cuidadosa entre a ironia e a seriedade foi parte do que tornou o vaporwave divertido – flertou com a transgressividade implícita de apreciar o seu material de origem

---

[111] Grafton Tanner. *Babbling Corpse: Vaporwave and the Commodification of Ghosts*. Alresford: Zero Books, 2016, p. xi.

[112] N.d.T.: O autor usa o termo *ever-original* (sempre original) para ironizar e fazer chacota com o nome nada criativo do artista protofascista.

completamente comercial. Mas essa ambiguidade ironicamente tornou a estética fácil de ser apropriada pela extrema direita, a despojando da ironia e da diversão – tomando-a literalmente uma glorificação do capitalismo... Uma rápida olhada na arte do álbum do Cyber Nazi – com seus policiais ciborgues de coturnos indo de porta em porta – mostra como para os fascistas essa distopia é utopia. Extrapolando os anos [19]80, o fashwave abraça as sombrias previsões da ficção científica daquela década como o paraíso.[113]

Por um curto período, alguns argumentaram que os algoritmos do YouTube se inclinavam naturalmente na direção da extrema direita, expondo os espectadores a conteúdos cada vez mais extremos. Embora a veracidade dessa afirmação ainda esteja em debate, a desumanização exigida pelo fascismo é facilmente auxiliada pela despersonalização da internet.

A privatização da experiência cultural coloca o sujeito num fragmento temporal solitário, à deriva num momento esmagador e instável da história. O habitante da multidão solitária é mais suscetível a ser capturado pela arte fascista precisamente porque está igualmente deslocado do contexto. Nesse ambiente despersonalizado, a ironia cai por terra, e a mentira corre solta. Daí a capacidade de atingir um público muito maior do que o pequeno número que uma subcultura em geral é capaz de obter.

O consumidor individualizado ouve e se vê como herói de uma ficção pré-fabricada. A ilusão do controle final – através

---

[113] Penn Bullock and Eli Perry, "Trumpwave and Fashwave Are Just the Latest Disturbing Examples of the Far-Right Appropriating Electronic Music", *Noisey* (30 de janeiro de 2017): https://www.vice.com/en/article/mgwk7b/fashwave-trumpwave-far-right-appropriating-electronic-music.

da teoria da conspiração, por exemplo – é facilmente capaz de preencher o vazio deixado por uma vida social cada vez mais pobre e inacessível. Eles são facilmente levados a um porvir que anseia pela dominação dos mais fracos e indesejados.

É por isso que, mesmo quando os artistas do fashwave foram banidos do YouTube e do Spotify, o apelo da sua visão tóxica do mundo não desapareceu e nem diminuiu entre os convertidos. Em vez disso, eles se concentraram em novas comunidades e plataformas online, com os seus próprios grupos protegidos das consequências e da causalidade do resto do mundo. Embora a internet torne a questão mais visível, o problema na verdade piorou. Mais empenhados e mais organizados, movimentos como o do fashwave aguardam uma inevitável oportunidade para ressurgir. Na era do "capitalismo de plataforma", se "des-plataformizar" não muda quase nada no mundo.

Infraestrutura da criatividade dissidente

Se há alguma lição sobre o nascimento do fashwave a partir do vaporwave, é que uma subcultura libertadora – para não dizer uma contracultura – não pode prosperar apenas na dimensão online. É inútil qualquer tentativa de resistir ao algoritmo usando o próprio algoritmo como ferramenta. No início de 2022, vários artistas reconhecidos retiraram suas músicas do Spotify em protesto contra a inclusão e promoção do podcast *The Joe Rogan Experience*. Rogan, um *podcaster* detestável, embuste "palpiteiro"[114] e mentiroso, há muito

---

[114] N.d.T: O autor utiliza a expressão *edgeloord*, que representa alguém que exprime intencionalmente opiniões desagradáveis, a fim de chocar ou ofender as pessoas, especialmente na internet, como forma de fazer com que os outros reparem neles ou os admirem.

tempo flerta com ideias da extrema direita, incluindo o latente negacionismo com relação à vacinação contra a Covid. Rogan é o *podcaster* mais popular do Spotify e também um dos mais odiados.

Primeiro, Neil Young retirou suas músicas. Depois Joni Mitchell. Não muito depois disso a cantora India.Arie, que também não aliviou o histórico racista de Rogan. Vários outros artistas seguiram o exemplo, estabelecendo uma conexão entre Rogan e a recusa do Spotify em pagar aos artistas mais do que uma mixaria. No momento em que escrevo, esses artistas ainda estão boicotando o Spotify. Rogan permanece.

As motivações são uma coisa. A eficácia é outra. O online é território inimigo, o que significa que pode ser facilmente reformulado para suavizar o golpe de qualquer boicote, diminuindo seu impacto e transformando o protesto na mesma sucata que já disputa usualmente a nossa atenção na tela. Não é impossível que um boicote ao Spotify ou a outros serviços de streaming tenha sucesso, mas para isso precisaria sair do universo meramente online e fincar raízes onde as pessoas ainda existem (pelo menos por enquanto): o mundo físico e offline.

Essa missão está relacionada com o que o sociólogo marxista Alan Sears chama de "infraestruturas de dissidência". Essas infraestruturas são, na sua forma mais básica, os grupos e as relações coletivas que ilustram e mobilizam exigências comuns, tanto dentro de uma comunidade específica como nas suas fronteiras, através das cidades e de grupos explorados de diferentes formas. Superando a separação geográfica e o individualismo psicológico, tais infraestruturas são a unidade básica da solidariedade na prática.

Em março de 2021, o recém-formado Union of Musicians and Allied Workers (UMAW)[115] realizou manifestações em frente aos escritórios do Spotify em Los Angeles, Nova York, São Francisco, Boston e outras cidades dos Estados Unidos. Isso fez parte da campanha "Justice at Spotify",[116] que, dentre outras melhorias, reivindicou uma compensação mais igualitária para os artistas – que atualmente é o desproporcional um centavo por *play*. Obviamente os protestos foram o lado mais fraco da corda, contando com o comparecimento de pouco mais do que uma centena de pessoas. Mesmo assim, a consciência de que compor, gravar e lançar música poderia ser uma forma de trabalho (e, portanto, digna de uma remuneração decente) foi suficiente para deixar o Spotify à beira de um ataque de nervos.

A UMAW surgiu quando estabelecimentos em todo o mundo fechavam devido ao coronavírus. Com considerável parte da renda dos músicos dependente de apresentações ao vivo, muitos se deram conta de que uma grande parte da sua renda havia desaparecido. Se tornou evidente como a infraestrutura de pagamento irrisório dos serviços de streaming era criminosa.

Joshua Sushman, multi-instrumentista e membro da UMAW nascido e criado em Los Angeles, chamou o que o Spotify faz de "muzakificação" da música. "O objetivo do Spotify é reformular a forma como a música é ouvida", disse. "Eles estão tentando priorizar a playlist, certo? Eles se agarram à playlist porque é assim que comodificam a música

---

[115] N.d.T: Algo como "Sindicato dos Músicos e Trabalhadores Aliados".
[116] "Justiça no Spotify".

com mais facilidade. Assim você coloca a própria música em segundo plano."[117]

Segundo Sushman, isso prejudica a liberdade de artistas que buscam ultrapassar limites e expectativas e, consequentemente, das pessoas que acreditam que a música possa levá-las a ver o mundo de uma forma diferente. "Não acho que as pessoas criem relacionamentos com a playlist do Spotify", continuaram. "Na verdade, é uma impossibilidade, porque é algo naturalmente efêmero."

Isso não quer dizer que o Spotify seja o único alvo da organização. Pelo contrário, o Spotify é apenas um avatar de tudo o que há de errado na opressiva indústria musical. Para Sushman, existe uma ligação direta entre esse processo, o barateamento e a redução do papel da música, e a gentrificação das cidades. "É mais difícil viver aqui", consequentemente, "o acesso ao espaço que costumávamos ter está diminuindo. E quando temos menos espaço, é mais difícil fazer música."[118]

A própria sede do Spotify em Los Angeles funciona como um bom exemplo dessa relação. Há quarenta anos, os armazéns abandonados do que se tornaria o Arts District de Los Angeles eram, como na Bay Area e em outros lugares, habitados por artistas e músicos que buscavam espaços acessíveis. Cafés independentes, galerias e casas de show surgiram, garantindo tempo e espaço para bandas como The Fall e Sonic Youth. Hoje, com exceções cada vez mais raras, esses prédios abrigam negócios "disruptivos", como WeWork, Honey e Soylent. Os aluguéis, residenciais e comerciais, são exorbitantemente caros. O escritório do Spotify é, estranhamente,

---

[117] Alexander Billet. "A New Union of Musicians is Taking On Spotify", *Jacobin* (12 de abril de 2021): https://jacobin.com/2021/04/union-musicians-allied-workers-spotify-streaming.

[118] Ibid.

invisível aos olhos de quem passa na rua, escondido em um pátio na esquina da rua Mateo com a Palmetto.

Embora a manifestação tenha sido pequena, também foi barulhenta. Os manifestantes batiam tambores e tocavam trombetas em alta intensidade. Foi uma curta passeata que começou na esquina da rua e chegou aos escritórios do Spotify. Como esperado, o Departamento de Polícia de Los Angeles apareceu, lembrando à pequena multidão que eles estavam em uma propriedade privada e que seriam presos se não saíssem imediatamente. Os escritórios do Spotify foram trancados, e aqueles que estavam lá dentro não estavam dispostos a receber as demandas da UMAW. Ainda assim, Julia Holter, um dos membros do sindicato, as colou na porta de entrada.

É improvável achar que alguém ali esperasse avançar, ocupar os escritórios do Spotify e exigir que o modelo de distribuição antidemocrático fosse resolvido. Um dia, talvez. Enquanto isso não acontece, tais ações desempenham um papel importante ao propor como se deve organizar e criar arte.

Para Josephine Shetty, musicista e cantora conhecida como Kohinoorgasm, se quiser ser bem-sucedida, a UMAW deve ter uma visão ambiciosa. "Estamos sujeitos a um desequilíbrio de poder, não apenas como músicos", diz. "Um dos grandes projetos da UMAW é incluir todos os trabalhadores da música: os trabalhadores das casas de shows, os trabalhadores das gravadoras, a pessoa que trabalha na portaria, a pessoa que vende os *merchs*, todos os envolvidos nesta indústria."[119]

No dia de ação, a UMAW também trabalhou organizando uma atividade que visava conscientizar os moradores locais. Também foram criados grupos de trabalho que buscaram o

[119] Josephine Shetty, "Musicians Need to Organize Collectively, as Workers", *Jacobin* (16 de janeiro de 2021): https://jacobin.com/2021/01/ musicians-workers-collective-organizing.

diálogo com outros movimentos: Black Lives Matter, Green New Deal, a turma do abolicionismo penal e os grupos de implementação de leis de imigração antirracista. Entre os membros da entidade, há uma clara sensação de que ser livre para fazer música é também tornar o mundo um lugar mais emancipado como um todo. Ambas as aspirações passam por um processo coletivo de diálogo e experimentação. Entre o ponto de partida e a visão, a construção de uma infraestrutura de imaginação dissidente se revela essencial.

É um trabalho delicado e extenso que muitas vezes não rende nada perceptível durante anos. Embora seja simplista traçar uma linha tão estreita entre estes esforços e os acontecimentos incendiários que atraem centenas de milhares ou mesmo milhões para as ruas, não há como negar que o principal sustentáculo destes movimentos se deve, em grande parte, à robustez destas infraestruturas.

Abolição e inventividade

No ano anterior à pandemia, o fervor e a agitação tomaram conta das ruas em diferentes países, e se não fosse a intervenção de um vírus mortal, tal momento poderia ter se tornado uma nova onda de protestos globais: Hong Kong, Líbano, Chile, Haiti, África do Sul, Catalunha, Sudão, França. Alguns desses trouxeram à esfera pública uma atmosfera de transformação por meio da incorporação criativa e brilhante da música.

No Haiti, as manifestações contra a presidência corrupta de Jovenel Moïse se reapropriaram da canção rabòday[120] "Jojo

---

[120] N.d.T: Considerado o som radical e desafiador, o rabòday é um ritmo acelerado inspirado na rara, ritmo tradicional haitiano, com instrumentação eletrônica e letras bem-humoradas de cunho profano e político.

Domi Deyo" – já muito popular na época do Kanaval[121] –, transformando-a numa canção de chacota e escárnio. No Líbano, os grandes protestos contra a desigualdade, o sectarismo do governo e o aumento vertiginoso do custo de vida foram comparados por alguns críticos a "uma rave". Um DJ local, baseado em Trípoli, montou seu sistema de som em uma varanda para transformar as ruas em pista de dança.

Nos Estados Unidos, a revolta aconteceria apenas alguns meses após a pandemia, depois que a maioria de nós passou meses enfurnado em casa ou trabalhando à força em condições de risco, imaginando como seria o mundo depois que tudo passasse. Os protestos e as rebeliões urbanas que se seguiram semanas após o assassinato de George Floyd pela polícia foram uma manifestação contra uma cultura de morte generalizada, na qual o racismo é o carro-chefe. A resposta violenta e bélica de Donald Trump durante o auge da revolta – ameaçando enviar militares, encorajando os vigilantes racistas – deixou claro o que estava em jogo. O mesmo aconteceu com as táticas ostensivas por parte da polícia: o encurralamento dos manifestantes, o uso de balas de borracha e de gás lacrimogêneo, o avanço de viaturas no meio das multidões.

Foram manifestações de proporção considerável, muitas vezes atraindo dezenas de milhares de pessoas para as ruas num curto espaço de tempo. Os rebeldes demonstraram um espírito inquestionável de cooperação e amparo mútuo. Grupos de ativistas distribuíram máscaras, água e até soro fisiológico para diminuir os efeitos do gás lacrimogêneo. Embora muito mais espontânea e menos organizada, a raiva

---

[121] N.d.T: Kanaval, em crioulo haitiano, é uma comemoração realizada durante várias semanas. Trata-se de uma festa em que se pode ter uma ampla noção da cultura haitiana através dos desfiles coloridos totalmente de cunho político e das referências espirituais ao vodu.

dos manifestantes muitas vezes se transformava num desejo instintivo de remodelar a cidade. As descrições dos meios de comunicação dos atos como sendo uma espécie de vandalismo irracional encobriu, e muito, o forte simbolismo em jogo.

Sim, havia pichações que, na maioria das vezes, exigiam que lembrássemos os nomes de George Floyd, Breonna Taylor e outras vítimas da violência policial racista. Sim, as vitrines das lojas foram quebradas, muitas vezes para que seus produtos fossem saqueados. Na maior parte das vezes, essas lojas eram grandes projetos comerciais, que se instalavam para padronizar os bairros, forçando os residentes pobres e da classe trabalhadora a abandonarem suas casas e lhes oferecendo bens que não podiam pagar.

Em suma, os atos de saque e vandalismo foram tão criativos quanto destrutivos. Em algumas manifestações, os painéis de compensado usados para tapar as lojas foram transformados em murais com retratos e citações de Angela Davis, Malcolm X ou James Baldwin. Não era raro, em muitas das mobilizações, ver caminhões equipados com sistemas de som, até mesmo bandas ao vivo, DJs e MCs. Alguns manifestantes dirigiam seus carros ao lado das marchas, tomando cuidado para andar devagar, enquanto os outros ocupantes erguiam cartazes pelas janelas ou pelo teto solar e os aparelhos de som tocavam música alta.

Foi exatamente isso que John Berger ressaltou quando escreveu sobre a natureza das manifestações populares. Há ressonância também com as ideias dos situacionistas sobre como a revolta em massa borra a previsibilidade do tempo.[122]

---

[122] Os situacionistas tinham um histórico de apoio incondicional às rebeliões urbanas, não apenas na Europa, mas também nos Estados Unidos, principalmente em relação ao racismo policial. Como Frances Stracey relata em seu livro *Constructed Situations*, o movimento Internacional Situa-

Considerando a frequência com que jovens negros e latinos são ameaçados e discriminados pelo volume da sua música, tal qual as histórias de Michael Stewart, Israel Hernández-Llach e outros grafiteiros mortos por policiais, é preciso reconhecer a coragem absoluta destas expressões destrutivas-criativas. Elas são, de acordo com a proposição de David Harvey, os momentos em que nos remodelamos e remodelamos também a cidade.

E de fato houve casos em que a cidade foi literalmente remodelada. No final da primeira semana de protestos pela morte de Floyd, o prédio da Terceira Delegacia de Polícia de Mineápolis foi totalmente queimado. Em Seattle, a polícia abandonou a Delegacia Leste frente aos manifestantes, que assumiram o controle do edifício e dos quarteirões no entorno, transformando a região no que foi chamado de Capitol Hill Autonomous Zone (CHAZ) ou Capitol Hill Organized Protest (CHOP).[123] Ativistas, organizadores e artistas se reuniram no CHAZ/CHOP, discutindo estratégias e planejando ações, muitas vezes organizando também formações educativas e entretenimento.

Esse desejo de remodelar também foi parte das exigências políticas que surgiram no Black Lives Matter em 2020. Obviamente eram desejos de abolição. Mas, como nos lembram os melhores abolicionistas, abolir significa tanto construir como destruir. Não se trata apenas do fato de que a polícia deve ser "desfinanciada"[124] ou que esse dinheiro seja

---

cionista publicou um apoio total à revolta de Watts, em Los Angeles, em 1965, descrevendo os ataques dos moradores negros à polícia e às grandes empresas como uma forma particularmente direta de desmercantilização da comunidade.

[123] Zona Autônoma do Capitólio ou Protesto Organizado do Capitólio.

[124] N.d.T.: O autor faz uma referência ao movimento político norte-ame-

direcionado para escolas, habitação ou saúde pública. O objetivo maior era de que cada estrutura em que um dia confiamos fosse destruída e reconstruída completamente do zero.

Nos Estados Unidos, os programas de assistência pública – incluindo cuidados de saúde e habitação – estão frequentemente interligados a uma série de restrições preestabelecidas: obrigações de estar trabalhando, monitorar se um beneficiado está levando a sério sua procura por emprego e a suspensão arbitrária de benefícios sociais. O nível crescente de restrições tem relação direta com os cortes profundos aos quais os programas foram expostos, visto que, à medida que mais regras são implementadas, florescem as desculpas para privar os pobres de um padrão de vida básico. Com as escolas públicas sistematicamente sem financiamento, os currículos reduzidos e as salas de aula superlotadas, o sistema escolar fatalmente estreitou as relações com a polícia. Algumas cidades criaram departamentos de polícia separados cuja única competência é a patrulha do sistema escolar público.

Em *A World Without Police*, Geo Maher escreve sobre como a emergência do Black Lives Matter permitiu que esse caráter criativo-destrutivo ganhasse sustentação.

> As insurreições contra a morte de George Floyd desencadearam pedidos de "desfinanciamento" da polícia a nível nacional. Para muitos, isso significa naturalmente redirecionar esses fundos para assistentes sociais, profissionais de saúde

---

ricano chamado Defund the Police (tradução: Desfinanciar a Polícia). Em um sentido amplo, o Defund the Police exige a realocação de grande parte dos fundos orçamentários da polícia para outros serviços e iniciativas, como programas sociais, educação, habitação, saúde mental e outros recursos comunitários. Optamos por manter a referência direta na tradução por considerarmos ser um movimento específico das realidades semelhantes à realidade americana.

mental e escolas. No entanto, como vimos, cada uma destas instituições é, de maneira geral, cada vez mais cúmplice do sistema carcerário, atuando mais na função de policiamento e entregando todos os dias mais pessoas às prisões. Como resultado, os abolicionistas de hoje nos lembram que devemos também reimaginar as instituições de assistência social como parte de um projeto abolicionista mais amplo.[125]

Refazer radicalmente essas instituições – as dissociando da austeridade e do sistema carcerário – deveria ser a chave de qualquer projeto socialista. À primeira vista pode ser difícil ver claramente como a arte e a música se enquadram num projeto desse tipo. Mas abordando essas estruturas da vida cotidiana com todo o espírito da imaginação radical, tiramos duas conclusões.

Primeiro, há uma ligação direta entre as infraestruturas de dissidência e a transformação das instituições na vida cotidiana. A democracia radical necessária para construir a primeira de forma plena e eficaz também é o ponto de partida para a segunda. Podemos dizer, então, que a infraestrutura de dissidência é a semente da instituição transformada.

Em segundo lugar, há um elemento pedagógico na arte e na música. Pensando no exemplo do Chicago Teachers Union, lembramos que as artes e seu inerente estímulo à imaginação são essenciais para o desenvolvimento intelectual e emocional básico dos jovens estudantes, além de fomentar um senso de trabalho coletivo, empatia e interesse mútuo. Essa pedagogia não termina quando o aluno chega à idade adulta. No caso da música, o que mais se destaca é

---

[125] Geo Maher, *A World Without Police*. Londres: Verso, 2021, p. 158.

a possibilidade de uma certa manipulação do tempo, tanto coletivamente quanto individualmente.

Pois se o tempo inevitavelmente se torna história, e se o tempo sob o capitalismo é o tempo repetitivo e vazio da mercadoria, então a história também inevitavelmente pertencerá à mercadoria. A conscientização e a democratização da vida, portanto, exigem uma espécie de salto para longe dos ritmos sufocantes e precários da modernidade. Como sua cadência é oscilante como uma corda bamba, é necessário sacudi-la, desmistificá-la e transformar o próprio tempo em algo que pode ser manuseado em vez de algo que nos controla.

A natureza de dois gumes da música popular a coloca nessa corda bamba. Ela também implora por um empurrão, clamando para colidir com o resto do mundo e refutando a arritmia da vida urbana moderna. Como escreve Mark Abel:

> O groove, em suas melhores manifestações, traz em si uma crítica estética da temporalidade alienada do capitalismo contemporâneo e representa uma demanda pelo controle coletivo do tempo e da história, no qual o tempo do universo e o tempo da humanidade seriam finalmente reconciliados.[126]

Construir esse modo de existência, encontrar novas maneiras de vivenciá-lo, deve ser um dos objetivos da organização radical. Nem sempre isso precisa ser feito por meio da música ou da arte, mas, da mesma forma, não há razão para recusá-las enquanto formas de aprendizado e autodescoberta. Quando somos tocados por nossas músicas, sentimos brevemente o que é estar em equilíbrio – ou em harmonia, se preferir – com nós mesmos e com os outros. Essa atribuição

---

[126] Abel. *Groove*, pp. 255-256.

democrática radical, portanto, exige que inventemos, como insistiam os situacionistas, maneiras de "realizar a arte e a poesia no tempo vivido".

O futuro descancelado

Os leitores atentos devem ter notado uma espécie de cronologia musical nas páginas de *Abalar a cidade*. Na tentativa de encontrar exemplos de músicas que se opõem aos limites espaciais do capital e do império, surgiu uma genealogia preliminar de estilo. Chamemos isso de uma ontologia alternativa dos sistemas de som. Do blues e do jazz para o rock e o R&B, que depois foram retransformados nos primórdios do reggae, depois do reggae para o dub, do dub para o hip-hop, mas também para o house, o techno e a rave, cujos sons são então empurrados para os isolamentos pantanosos do dubstep, mesmo quando o grime escava loucamente seu caminho para fora dos destroços e o vaporwave escorre por suas rachaduras.

Como qualquer outra genealogia, essa está fadada a ser incompleta. No entanto, é uma genealogia e revela uma linha-mestra no processo sociocriativo. Assim como cada gênero atinge os limites da sua estética, inevitavelmente há artistas dispostos a continuar experimentando. Tecnologias, sons e gestos automáticos que estão presos em convenções passam a ser usados de um jeito que contraria a previsibilidade. A diferença pode ter sido no som em si, num novo contexto ou simplesmente no fato de que o som ainda não chegou a tantos ouvidos.

Em todos os casos, uma ruptura é continuamente preconizada. A *blue note* sai do braço da guitarra, o *scratch* do disco se torna uma forma do hip-hop comunicar tensão e vivacidade. O barulho se transforma em música, e canções solitárias em ruas desertas são cantadas por multidões cada vez maiores. O tempo vazio é interrompido. O vidro hermético que enclausura a música como mercadoria está quebrado. *Jetztzeit*. Durante esse curto período, o passado se mostra inacabado. Aqueles que foram abandonados estão agora inesperadamente na vanguarda dos acontecimentos.

Esta é a essência da experimentação. É necessariamente utópico: ver o mundo como ele é, perguntar o que aconteceria se funcionasse de maneira diferente, investigar como poderia ser. É também central para o que Franco "Bifo" Berardi chama de "futurabilidade", a capacidade de tornar pensável um futuro digno desse nome e, com isso, se tornar um sujeito humano emancipado da lógica do capital. Bifo descreve uma paisagem que se adapta às formulações do realismo capitalista, das configurações culturais-tecnológicas que fragmentam a valência social da música e engendram um estado de arritmia. "O corpo hiperestimulado está simultaneamente sozinho e hiperconectado", escreve ele, "os cérebros cooperantes não têm corpo coletivo e os corpos privados não têm cérebro coletivo."[127]

Para Bifo, sair da falta de futuro do império, da democracia desidratada e do capitalismo neoliberal tardio exige a construção de novas ligações de compaixão e solidariedade. As pedagogias moleculares da arte e da música, a sua capacidade de incorporar a experiência da empatia, do destino partilhado e da temporalidade comum, se tornam essenciais aqui. Tudo isso nos ajuda a mapear conexões entre vidas que em outras ocasiões estariam distantes. O ditado que fala da

[127] Franco "Bifo" Berardi. *Futurability: The Age of Impotence and the Horizon of Possibility*. Londres: Verso, 2019, pp. 50-51.

arte "expandindo horizontes", então, não é apenas pura retórica. Porque eventualmente, e inevitavelmente, se somos nós ou não que definimos os seus limites, os horizontes imaginados se tornam literais.

Em contraste com o falso empoderamento oferecido pela estetização fascista da violência e da dominação, um emprego radical e libertador da música permite a sua politização orgânica. Permite-nos sentir que o controle total do tempo e do espaço – os elementos mais fundamentais da existência – só pode ser exercido coletivamente e de baixo para cima.

Novos sons, outra vez

A história contada sobre a Plaza Bernardo Leighton, em Santiago no Chile, é ambígua. Batizada com o nome do senador centrista e ex-secretário do Trabalho do Chile – que ficou com sequelas cerebrais após uma tentativa de assassinato tramada pela junta militar do general Augusto Pinochet –, a ampla praça da cidade culmina na Basílica de los Sacramentinos. Tal como acontece em muitas outras basílicas católicas, suas torres atraem o olhar para cima e para os céus. Mais uma vez, o mundo que nos é oferecido paira acima de nossas vidas monótonas e limitadas pelas imposições desse sistema. Nesse dia em particular, no entanto, foram os movimentos na própria praça e a energia cinética da performance se fundindo em uma recusa utópica que a definiram. Quando a história converge em um ponto no tempo por sua própria vontade.

Milhares de pessoas ocupam uma praça da cidade, quinhentas delas são literalmente um coral e uma orquestra. O movimento dos instrumentos de cordas e arcos é claro e sintonizado com os movimentos do maestro. A melodia é desobediente, pois, embora já tenha sido cantada antes e provavelmente será cantada novamente, dessa vez se esforça para ser diferente. Quando o refrão começa, o canto dá lugar ao ritual. "*El pueblo unido jamás será vencido!*" ("O povo unido jamais será vencido!"). O canto perdura, fica mais alto, orquestra e público se tornam uma coisa só.

Estávamos em outubro de 2019, e o povo do Chile paralisou o país. Começou algumas semanas antes com uma recusa da população em pagar o aumento do preço dos transportes públicos e se transformou numa imensa revolta contra a profunda desigualdade e a falta do Estado básico de democracia que persistiu muito depois do fim da ditadura militar.

O mandato assassino de Pinochet, que durante dezessete anos esteve como presidente do Chile, se tornou um símbolo sangrento da brutalidade do anticomunismo na América Latina e em todo o mundo. Ao derrubar o experimento democrático do presidente socialista Salvador Allende em 1973, Pinochet massacrou milhares de esquerdistas, sindicalistas e ativistas indígenas para se manter no poder. Um regime facilmente taxado de fascista, que visava aniquilar os marginalizados e oprimidos. Houve, por exemplo, a proibição de instrumentos musicais indígenas como o *charango*.

O governo de Pinochet consolidou o livre mercado na constituição do Chile. A ortodoxia neoliberal se enraizou de vez no país. Houve uma reformulação completa do aparato estatal com o intuito de facilitar a acumulação privada de lucros à custa das necessidades do povo: privatização dos serviços básicos de saúde e educação, controle da renda da população mais pobre e proibição da formação de organizações da classe trabalhadora. Mesmo depois da renúncia de Pinochet e de o Chile ter se tornado um Estado nominalmente democrático, essa constituição perdurou.

Daí surge a "explosão social", ou *Estallido Social*. Moradores saqueiam e queimam grandes redes de lojas. Os estudantes ocupam as universidades. Os manifestantes confrontam aos montes a polícia e o exército. Mais tarde, foi descoberto que a polícia chilena usou táticas brutais na repressão aos protestos, incluindo tortura e tiros de balas de borracha no rosto dos manifestantes. Vários manifestantes perderam os olhos, dezenas foram mortos. O presidente Sebastián Piñera declara estado de emergência, e no dia 19 de outubro é declarado toque de recolher em Santiago das 22h às 7h.

Uma noite depois do toque de recolher, uma jovem violoncelista chamada Paula Advis leva seu violoncelo para a varanda e toca "El derecho de vivir en paz", de Victor Jara. Isso não traz nenhum risco maior. As ordens do exército exigem silêncio total dos cidadãos. Somente o som de soldados e policiais é permitido.

"Victor Jara foi torturado e assassinado, sua música quase foi proibida", disse ela à CNN. "Sua música tem um significado poderoso para o povo, um significado de luta e poder para os cidadãos."[128] A história e a música de Jara garantem que seu nome seja conhecido muito além das fronteiras do Chile. Comunista dedicado, foi uma figura-chave no vibrante movimento Nueva Canción, que surgiu durante as décadas de 1960 e 1970 na América Latina e na Península Ibérica. "El derecho de vivir en paz" é um resumo preciso dos valores do Nueva Canción. Escrita em 1971, a canção – cujo título se traduz literalmente como "O direito de viver em paz" – faz

---

[128] Gianluca Mezzofiore. "A soprano started singing out her window in defiance of a government-imposed curfew in Chile", *CNN* (8 de novembro de 2019): https://www.cnn.com/2019/11/08/americas/soprano-chile-curfew-intl-trnd-scli.

mais do que um simples apelo à paz no Vietnã, ela celebra abertamente Ho Chi Minh e a insurgência anticolonial na Indochina. Jara juntamente com a maioria dos artistas à sua volta e praticamente toda a esquerda chilena eram apoiadores calorosos do governo de Unidade Popular de Allende e do movimento pelo controle dos trabalhadores que se espalhou durante o seu governo. A sua morte violenta pelas mãos dos golpistas de Pinochet é a materialização de uma trágica lenda.

O Nueva Canción não era apenas um movimento ou um estilo de música, mas uma rede organizada de artistas e músicos. Victor Jara, Violeta Parra, Sergio Ortega, coletivos e grupos como Inti-Illimani e Quilapayún. Esses músicos radicais trabalharam juntos, compartilharam suas teorias e ideias, pensaram em maneiras pelas quais sua música poderia ajudar a fazer florescer uma visão socialista chilena.

Para tanto, eles experimentaram criativamente. Incorporaram estruturas pop e rock com música indígena e camponesa. Experimentando, indo e voltando, eles impulsionaram a transformação desses sons e gêneros, ao mesmo tempo que contrariavam a influência do imperialismo cultural ianque. Inerente a tudo estava a ideia de que uma nova trajetória histórica estaria prestes a emergir, não do coração do império, mas das energias dos mais oprimidos num continente há muito dominado pelos desígnios estadunidenses.

Dias depois de Paula Advis desafiar o silêncio, sua amiga de infância e soprano de ópera Ayleen Jovita Romero foi até a varanda da prima e começou a cantar a música de Jara. Ela também estava perturbada pelo silêncio forçado. "Saí para a varanda a fim de cantar para o povo", disse Romero. Quando ela terminou, os vizinhos comemoraram e aplaudiram.

Depois, rapidamente, a canção alcançou outras varandas, uns cantando, outros tocando violão e acordeão.

O toque de recolher não funcionou. Os protestos continuaram. Os sindicatos declararam greve geral. A polícia e o exército perderam definitivamente o controle da situação. Somente quando se chegou a um ponto sem retorno que os manifestantes começaram a ser ouvidos: ou o Chile rompe definitivamente com o seu passado, ou deixará de existir. O espírito dos protestos e o longo processo de uma história inacabada pode ser traduzido no grito de guerra: "O neoliberalismo nasceu no Chile. Agora vai morrer aqui."

No dia 25 de outubro, 1 milhão de pessoas inundaram e paralisaram as ruas de Santiago. Na multidão está um grupo de quase mil violonistas e cantores tocando "El derecho". Várias estrelas da música pop chilena colaboraram para gravar e lançar sua própria versão da música, embora essa versão também tenha sido criticada por mascarar a política radical da canção.[129]

A apresentação da grande orquestra na Plaza Bernardo Leighton acontece no ponto mais alto de um contexto de reivindicação política. Primeiro, a enorme multidão de músicos clássicos toca o réquiem de Mozart. Depois, surge a sua própria versão de "El derecho", à medida que são erguidas faixas com os nomes dos manifestantes mortos. Depois, é tocada "El pueblo unido jamás será vencido". Assim como "El derecho", essa música também surgiu do movimento Nueva Canción. Escrita e composta por Sergio Ortega e Quilapayún,

---

[129] Suzy Exposito. "Chilean All-Stars Revamp Víctor Jara's Protest Anthem, 'El Derecho de Vivir en Paz'", *Rolling Stone* (28 de outubro de 2019): https://www.rollingstone.com/music/music-latin/chile-all-stars-victor-jara-protest-song-el-derecho-de-vivir-en-paz-904667/.

comparada à música de Jara, "El pueblo" é muito mais direta. Como sinalizaram os ecos pelas ruas antes vazias de Santiago, "El derecho" é uma espécie de promessa silenciosa de vitória. "El pueblo", por outro lado, é o que se canta quando a vitória está próxima, mais do que uma promessa, trata-se de uma confirmação. Executada por uma orquestra grande e unida, a canção soa absolutamente triunfante.

Obviamente, a disposição de mais de quatrocentos músicos com formação clássica não poderia ser espontânea. Ainda assim, segundo a escritora Daniela Fugellie, os organizadores do que viria a ser conhecido como coletivo Requiem por Chile ficaram surpresos com a magnitude da resposta dada aos movimentos. Principalmente devido à associação de longa data entre a música clássica e o regime de Pinochet. Como disse María José Jiménez, uma das organizadoras do coletivo, "a música clássica foi durante muitos anos cooptada pela elite econômica, embora historicamente tenha estado ao lado das revoluções... Estamos regressando às origens da uma arte que foi feita para o povo."[130]

É verdade, Mozart foi um defensor da Revolução Francesa, assim como Beethoven e muitos outros compositores que viveram as revoluções europeias. O que significa que, por mais que a performance tenha sido uma redefinição da conhecida Nueva Canción, foi também uma redefinição da música clássica e uma recuperação de uma história revolucionária que permanece viva e em jogo. Segundo músicos e intérpretes, o público que assistiu e cantou com eles foi

---

[130] Ver Daniela Fugellie. "Requiems por Chile", em *Instantáneas en la Marcha: repertorio cultural de las movilizaciones en Chile*. Lucero de Vivanco; María Teresa Johansson (ed.). Santiago: Ediciones Universidad Alberto Hurtado, 2021.

o melhor que já tiveram, criando um ambiente de abraços, choros e pedidos de bis.

Piñera não renunciou, apesar das inúmeras cobranças para que o fizesse. Ele foi, no entanto, forçado a convocar uma convenção eleita encarregada de reescrever a constituição do Chile. Com isso surgiu a possibilidade de quebrar as blindagens constitucionais que mantinham a vida cotidiana privatizada e desigual. Em dezembro de 2021, o Chile elegeu Gabriel Boric como seu presidente, um jovem socialista membro da Câmara dos Deputados e filiado ao partido da esquerda radical Convergência Social. Os partidos de esquerda, incluindo a Convergência Social de Boric e o Partido Comunista do Chile, obtiveram votos suficientes para formar um governo, embora o seu mandato fosse extremamente frágil.

A visão de um novo Chile oferecida pela Convenção Constitucional poucos meses depois foi significativa: o estabelecimento de um serviço nacional de saúde, a garantia do direito à sindicalização e à greve, o estabelecimento da educação e da habitação como direitos básicos e públicos, a proibição da mineração nas geleiras do país, garantia de autonomia para comunidades indígenas e outras minorias raciais. Em outras palavras, a nova Constituição teria rompido com elementos-chave do legado neoliberal de Pinochet e os substituído por um futuro progressista, quiçá até mesmo radical. A derrota neoliberal num referendo nacional ilustra a força dessas oposições, não apenas para quem assiste de fora do Chile, mas também dentro do país, principalmente dentre aqueles que são de centro ou de direita. É também mais uma prova de que, mesmo quando tenta obter mudanças através das urnas, a democracia nunca pode deixar o seu centro de gravidade ser totalmente sugado para a arena das eleições simples e formais.

Seria fácil prever que uma repetição do governo Allende está nos planos. E não há dúvida de que os países mais poderosos do mundo, incluindo os Estados Unidos, não estão nada felizes com o fato de que partidos de esquerda continuem ganhando eleições na América Latina. Mas a história, como vimos, não se move de forma previsível. Principalmente quando há quem esteja disposto a sacolejar as coisas, a olhar para a sua existência como algo alinhado com o que há de mais elementar, ao ar e à água que absorvemos, ao tempo e ao espaço que ocupamos. O fato é que não temos ideia do que acontecerá no Chile ou em qualquer outro lugar. Os eventos ainda podem nos levar de volta à mesma ausência sombria de futuro que já conhecemos. Ou podem acabar por ser nossos, da nossa história, para assim fazermos o que quisermos com a nossa capacidade de imaginação.

A música não pode literalmente abalar a cidade. Existem, no entanto, canções que surgem da nossa própria capacidade de abalar, que insistentemente nos apresentam visões infinitas das vidas que podemos criar. São visões perigosas, que habitam não só nossas mentes e cabeças, mas também nossos corpos em movimento, nos dando a oportunidade de refazer as derrotas do passado e os futuros virtualmente arruinados. Estes futuros podem ser sinônimos de libertação. Apesar de todas as probabilidades contrárias, eles ainda persistem como uma possibilidade viável.

VIVO　　　　NA　　　　CIDADE
O　　　AR　　　É　　　NEGATIVO
AS ÁRVORES VÃO MORRENDO
CONCRETO　A　ME　CERCAR

PLAYLIST DE *ABALAR A CIDADE*

Quanto mais o livro foi se desembolando, mais claro ficou que uma farta playlist era necessária. Podemos descrever uma canção com toda a linguagem floreada que quisermos, mas, no fim das contas, a observação de Elvis Costello é uma realidade: "Escrever sobre música é como dançar sobre arquitetura". É melhor, então, simplesmente encorajar os leitores a ouvir o que está sendo escrito aqui, comparar a escuta com o texto e fazer o seu próprio julgamento. Todas as canções podem ser facilmente pesquisadas e ouvidas online. A maioria pode ser encontrada no YouTube. Para os artistas menos conhecidos, talvez seja necessário procurar por suas páginas no Bandcamp ou no SoundCloud. E sim, a contragosto, existe o Spotify.

Algumas das canções aqui incluídas aparecem simplesmente por terem sido mencionadas no texto. Outras estão aqui para dar aos leitores uma maior familiaridade com gêneros ou canções com os quais podem não estar habituados. Outras ainda são necessárias para uma melhor compreensão dos pontos estéticos e musicais apresentados no livro.

Por exemplo, as músicas "Judy Is a Punk", do Ramones, e "Zombie", de Fela Kuti, estão próximas uma da outra, pois elas ilustram o argumento do primeiro capítulo sobre as tensões entre o universalismo do capitalismo e as particularidades das manifestações culturais e geográficas, as diferenças e similaridades do que Mark Abel chama de "groove music". Enquanto ambas as canções – lançadas no mesmo ano – são excelentes exemplos de tempo metronômico, síncope e contratempo, "Zombie" de Kuti apresenta uma abordagem muito mais distinta e complexa com relação à métrica profunda, com muito mais instrumentos e ritmos interligados em camadas que estruturam a atenção do ouvinte.

"Lonesome Road", de Junior Kimbroug está presente aqui porque o seu estilo único de tocar guitarra no blues do Delta é repleto de camadas e tem a sua própria forma de apresentar os elementos-chave da música groove. Ele também detém a escuridão hipnótica que chamou a atenção dos surrealistas, conforme foi mencionado na Parte Dois deste livro. Uma nota de esclarecimento sobre Scott Joplin e Buddy Bolden: não existe nenhuma gravação conhecida de ambos os artistas tocando suas composições, apenas as suas partituras sobreviveram. Por isso, ao dar aos leitores uma noção da sonoridade do ragtime – particularmente no que diz respeito à *blue note* e à métrica profunda – fiquei um pouco aquém.

As gravações mais "fiéis" das músicas de Scott Joplin são baseadas nas partituras de piano, por isso, em um sistema de notação que, como apresentado na Parte Dois, padronizou a música de Joplin para algo mais entendível para os ouvidos europeus. No fim das contas, decidi não recomendar nenhuma dessas gravações. "Maple Leaf Rag" é uma canção bem conhecida. No caso de Bolden isso é muito mais fácil, dado que o seu contemporâneo Jelly Roll Morton fez várias gravações de canções de Bolden, e o seu tributo "I Thought I Heard Buddy Bolden Say" é uma reformulação de "Funky Butt" de Bolden.

Uma das composições de Fred Ho, "Gadzo", também está presente aqui para dar uma ideia do que ele quis dizer quando escreveu sobre crioulização. Dois exemplos dos vários tipos de música eletrônica (EDM) estão incluídas para que os leitores possam ouvir por si próprios as diferenças às vezes sutis entre, por exemplo, Chicago house (Frankie Knuckles) e drum and bass (LTJ Bukem). A música da banda Them Are Us Too foi inclusa para dar uma ideia do tipo de artistas que contribuíram para as cenas artísticas e musicais que giraram em torno do antigo Ghost Ship. Cash Askew, membro da Them Are Us Too, morreu no incêndio de 2016.

Algumas poucas canções não aparecerão aqui. Embora eu goste e até me anime em dar exemplos de vaporwave, não vou dar amostras dos seus subconjuntos fascistas ou de extrema direita. A verdade é que a internet é território inimigo e, de uma forma ou de outra, trata-se de uma fossa tóxica que abriga músicos fascistas, quer eu chame ou não a atenção para eles. Mas, como judeu e comunista, não posso, em boa consciência, impulsionar a música de pessoas que me querem ver morto. Quando escrevo sobre a falta de profundidade da fashwave, podem acreditar na minha palavra ou procurar por si próprios. É bem fácil de encontrar.

Playlist:
Pet Shop Boys – "West End Girls"
Ramones – "Judy is a Punk"
Fela Kuti – "Zombie"
Junior Kimbrough Them Are Us Too – "Lonesome Road"
Erik Satie – "Musique d'ameublement" tocada em três partes por Marius Constant e Ensemble Ars Nova
Algiers – "Irony. Utility. Pretext"
Lil Reese feat. Lil Durk and Fredo Santana – "Beef"
Fred Ho & The Afro Asian Music Ensemble – "Gadzo"
Jelly Roll Morton – "I thought I heard Buddy Bolden say"
Lee "Scratch" Perry – "Black Panta"
Pink Floyd – "Money"
Skepta – "That's Not Me"
Lethal Bizzle – "Pow! (Forward)"
LTJ Bukem – "Watercolours"
Frankie Knuckles – "Your Love"
Burial – "Raver"
Martha and the Vandellas – "Dancing in the Street"
Moor Mother – "Creation Myth"
Janelle Monáe feat. Wondaland – "HELL YOU TALMBOUT"
Kendrick Lamar – "Alright"
Giovanna Daffini – "Bella Ciao"
Them Are Us Too – "Us Now"
New Dreams Ltd. – "Blue Earth"
Quilapayún – "El pueblo unido jamás sera vencido"
Victor Jara – "El derecho de vivir en paz"

Alexander Billet é um escritor e artista cujo trabalho diz respeito à sobreposição entre expressão criativa, geografia radical e memória histórica. Os seus textos foram publicados em *Los Angeles Review of Books*, *Jacobin*, *Savage*, *In These Times*, *Radical Art Review*, no blog *Historical Materialism*, *Protean*, *Real Life*, *Marx & Philosophy Review of Books*, *Chicago Review*, *Against the Current*, entre outros. Membro do Locust Arts & Letters Collective, uma associação de artistas radicais, críticos, irrealistas e socialistas, Alexander é editor dos projetos *Locus Review* e *Imago*. Vive em Los Angeles com a sua companheira e dois gatos preguiçosos. Mais informações podem ser acessadas no seu blog: alexanderbillet.com.

ACOALHARESTREMECERSACUDIRVI
TREMECERSACUDIRVIBRARBALANÇA
CUDIR VIBRAR BALANÇAR AGITAR A
RAR BALANÇAR AGITAR ABALAR C
LANÇAR AGITAR ABALAR CHACOALH
ITAR ABALAR CHACOALHAR ESTRE
ALAR CHACOALHAR ESTREMECER S
ACOALHARESTREMECERSACUDIRVI
TREMECERSACUDIRVIBRARBALANÇ
CUDIR VIBRAR BALANÇAR AGITAR A
RAR BALANÇAR AGITAR ABALAR C
LANÇAR AGITAR ABALAR CHACOALH
TAR ABALAR CHACOALHAR ESTRE
ALAR CHACOALHAR ESTREMECER S
ACOALHARESTREMECERSACUDIRVI
TREMECERSACUDIRVIBRARBALANÇ
CUDIR VIBRAR BALANÇAR AGITAR A
RAR BALANÇAR AGITAR ABALAR C
LANÇAR AGITAR ABALAR CHACOALH
TAR ABALAR CHACOALHAR ESTRE
ALAR CHACOALHAR ESTREMECER S
ACOALHARESTREMECERSACUDIRVI
TREMECERSACUDIRVIBRARBALANÇ
CUDIR VIBRAR BALANÇAR AGITAR A
RAR BALANÇAR AGITAR ABALAR C
LANÇAR AGITAR ABALAR CHACOALH
TAR ABALAR CHACOALHAR ESTRE
ALAR CHACOALHAR ESTREMECER S
ACOALHARESTREMECERSACUDIRVI

BALANÇAR AGITAR ABALAR CHACOALHAR ESTREMECER SACUDIR VIBRAR
BALANÇAR AGITAR ABALAR CHACOALHAR ESTREMECER SACUDIR VIBRAR
BALANÇAR AGITAR ABALAR CHACOALHAR ESTREMECER SACUDIR VIBRAR
BALANÇAR AGITAR ABALAR CHACOALHAR ESTREMECER SACUDIR VIBRAR
BALANÇAR AGITAR ABALAR CHACOALHAR ESTREMECER SACUDIR VIBRAR
BALANÇAR AGITAR ABALAR CHACOALHAR ESTREMECER SACUDIR VIBRAR
BALANÇAR AGITAR ABALAR CHACOALHAR ESTREMECER SACUDIR VIBRAR
BALANÇAR AGITAR ABALAR CHACOALHAR ESTREMECER SACUDIR VIBRAR
BALANÇAR AGITAR ABALAR CHACOALHAR ESTREMECER SACUDIR VIBRAR
BALANÇAR AGITAR ABALAR CHACOALHAR ESTREMECER SACUDIR VIBRAR
BALANÇAR AGITAR ABALAR CHACOALHAR ESTREMECER SACUDIR VIBRAR
BALANÇAR AGITAR ABALAR CHACOALHAR ESTREMECER SACUDIR VIBRAR
BALANÇAR AGITAR ABALAR CHACOALHAR ESTREMECER SACUDIR VIBRAR
BALANÇAR AGITAR ABALAR CHACOALHAR ESTREMECER SACUDIR VIBRAR
BALANÇAR AGITAR ABALAR CHACOALHAR ESTREMECER SACUDIR VIBRAR
BALANÇAR AGITAR ABALAR CHACOALHAR ESTREMECER SACUDIR VIBRAR
BALANÇAR AGITAR ABALAR CHACOALHAR

© 1968 Press, 2022
© sobinfluencia para a presente edição. 2024

COORDENAÇÃO EDITORIAL Fabiana Gibim, Rodrigo Corrêa e Alex Peguinelli

TRADUÇÃO Caio Silva do Carmo e Maria Luiza de Barros

PREPARO Alex Peguinelli e Fabiana Gibim

REVISÃO E PREPARAÇÃO INICIAL Amauri Gonzo e Aloe Rosa de Sousa

REVISÃO FINAL Lígia Marinho

PROJETO GRÁFICO Rodrigo Corrêa

Dados Internacionais de Catalogação na Publicação (CIP) de acordo com ISBD

B597a Billet, Alexander
Abalar a cidade: música e capitalismo, espaço e tempo / Alexander Billet. - São Paulo : sobinfluencia edições, 2024.
220 p. : 13,5cm x 21cm.
Inclui bibliografia.
ISBN: 978-65-84744-39-4

1. Política. 2. Música. 3. Ciências sociais. 4. Filosofia. 5. Geografia. 6. História. I. Título.

2024-1492

CDD 320   CDU 32

Elaborado por Odilio Hilario Moreira Junior - CRB-8/9949
Índice para catálogo sistemático:
1. Política 320   2. Política 32

---

sobinfluencia.com

Este livro é composto pelas fontes minion pro e
neue haas grotesk display pro e foi impresso
pela Graphium no papel Lux Cream 70g,
tiragem de 1000 exemplares